A LEI DA ATRAÇÃO®

C. Torres e S. Zaquim

A LEI DA ATRAÇÃO®

MADRAS

Editor:
Wagner Veneziani Costa

Produção e Capa:
Equipe Técnica Madras

Ilustração da Capa:
Nilton Prado

Colaboração:
Márcia Pugliesi - Numeróloga (Introdução Capítulo - O Livro da Vida e Estudo das Cores)

Revisão:
Nelson José de Camargo - MTb 21.586
Amanda Maria de Carvalho
Arlete Genari

Dados Internacionais de Catalogação na Publicação (CIP)
(Câmara Brasileira do Livro, SP, Brasil)

Torres, C.
A lei da atração/C. Torres e S. Zanquim . — São Paulo: Madras, 2007.

ISBN 978-85-370-0227-8

1. Atrações 2. Autoconhecimento - Teoria 3. Pensamento I. Zanquim, S..
II. Título.
07-3217 CDD-302.13

Índices para catálogo sistemático:
1. Lei da atração : Poder do pensamento :
Psicologia social 302.13

MADRAS EDITORA LTDA.
Rua Paulo Gonçalves, 88 – Santana
02403-020 – São Paulo – SP
Caixa Postal 12299 – CEP: 02013-970/SP
Tel.: (11) 6959-1127/(11) 6281-5555 – Fax: (11) 6959-3090
www.madras.com.br

Dedicamos este livro aos nossos pais e filhos
e a todos os que nos apóiam nesta nova jornada.

Índice

PREFÁCIO

A *A Lei da Atração é um livro que mudará sua vida.* Um guia que lhe mostrará um novo caminho, uma nova maneira de ver o mundo e trilhar sua vida. Um livro revelador que o levará para dentro de si mesmo. Poderá ver seus objetivos ampliados e acreditar que são possíveis de serem realizados. Perceberá que prosperar nada mais é do que aprimorar sua sensibilidade. Verá que é realmente um ser especial e faz parte de algo muito maior. Verá que a pessoa na qual se tornou hoje, os acontecimentos do seu dia-a-dia, as pessoas que o cercam e as oportunidades que surgem em sua vida não acontecem por um simples acaso.

Por que será que este livro veio parar justamente em suas mãos?

Ao finalizar a leitura desta obra, você mesmo poderá responder a essa pergunta, desvendar o segredo que há tanto tempo ficou escondido e, finalmente, descobrir:

O poder que você tem, mas nunca lhe foi dito!

O Universo

Imaginar a imensidão do Universo e seus bilhões de estrelas, planetas e o Sistema Solar vagando numa desenfreada e infinita trajetória por um espaço escuro e silencioso é algo que nossa mente ainda não é capaz de fazer. Somos evoluídos tecnológica e cientificamente, mas ao mesmo tempo conhecemos pouco sobre o Universo, sobre o lugar em que vivemos e sobre tudo o que acontece lá fora, no espaço e no tempo. Também sabemos pouco sobre o que acontece dentro de nós mesmos e de nossas mentes. É difícil imaginar quantas coisas estão acontecendo neste exato momento neste gigantesco planeta; a maioria de nós nem percebe que a cada instante tudo está se transformando e se movimentando a nossa volta; as árvores estão crescendo e florescendo, os rios e oceanos estão se evaporando, transformando-se em nuvens e depois em chuva, os animais se reproduzindo e o planeta girando. Tudo acontece em um silêncio tão sutil, que nos sentimos seguros e protegidos no planeta em que vivemos.

Temos o Sol, a luz, o calor, a água, os alimentos, o ar puro, enfim, possuímos recursos que se renovam a cada instante para nos manter vivos. Temos tudo de que precisamos, estamos sentados sobre um planeta gigantesco e nem percebemos a extraordinária força e energia que ele está desprendendo ao girar em torno de si mesmo e em volta do Sol, com rotação de 1.649 km/h e translação de 30km/seg. Fenômenos fantásticos que nos fazem sentir confortáveis e despreocupados, como se fôssemos crianças e estivéssemos deitados no colo de uma grande Mãe, que nos acolhe e nos protege como filhos. Filhos que precisam crescer, viver e vencer. Essa é a nossa casa, essa é a nossa morada.

O Universo é vivo, ele se abastece da sua própria energia e nos carrega através da eternidade.

Somos parte dele e temos muito ainda para descobrir. Algumas regras e leis naturais que regem nosso planeta e todo o Sistema Solar foram desvendadas graças às mentes brilhantes dos matemáticos e físicos da Antiguidade.

Pessoas que quebraram paradigmas e provaram suas teorias em uma época na qual muitos acreditavam que essas teorias eram impossíveis e impensáveis; mas, atualmente, acreditamos e as decretamos como leis essenciais e vitais para a nossa sobrevivência.

ALGUMAS TEORIAS DE NEWTON E EINSTEIN:

A Lei da Gravidade

Gravidade é a força de atração mútua que os corpos materiais exercem uns sobre os outros.

Em pleno século XVII, o físico e matemático Isaac Newton começou a pensar sobre a dinâmica que existia entre os corpos do Sistema Solar, quais eram as forças que agiam sobre os planetas e os movimentos ao redor do Sol e que forças atraíam a Lua para a Terra. Do ponto de vista prático, a atração gravitacional da Terra confere peso aos objetos e faz com que caiam ao chão quando soltos no ar. A gravitação é o motivo pelo qual a Terra, o Sol e outros corpos celestes existem. Sem ela, a matéria não teria se aglutinado para formar os planetas e a vida como a entendemos não teria surgido. A gravidade também é responsável por manter a Terra e os outros planetas em suas respectivas órbitas em torno do Sol e a Lua em órbita em torno da Terra, bem como pela formação das marés e por muitos outros fenômenos naturais.

Isaac Newton
Nascido em Woolsthorpe, Inglaterra, em 1642. Para ele, a função da ciência era descobrir leis universais e enunciá-las de forma precisa e racional.

A Lei da Inércia

Um corpo que está em movimento tende a se manter nesse estado e em movimento em linha reta e constante; um corpo que está em repouso tende a continuar nesse estado de repouso.

A Lei da Ação e Reação

Para cada ação há sempre uma reação oposta e de igual intensidade.

Se jogar uma bola de borracha em direção ao chão, com uma força pré-calculada, ela irá bater e voltar com a mesma intensidade para sua mão. Este é um exemplo simples da Lei da Ação e Reação.

Albert Einstein
Nascido em Ulm, Alemanha, em 1879. Ganhou o prêmio Nobel de física em 1921.

A Teoria da Relatividade

De acordo com essa teoria, as interações entre dois corpos, que até então se atribuíam somente às forças gravitacionais de Isaac Newton, eram explicadas agora pela influência de tais corpos sob um novo prisma, o espaço e o tempo. Einstein é considerado um dos maiores cientistas de todos os tempos. Suas teorias foram essenciais para o desenvolvimento da física e influenciaram o pensamento mundial em geral. Seus artigos tratavam da natureza da luz, descreviam o movimento molecular e apresentavam a teoria da relatividade restrita. Einstein é famoso por refletir continuamente nas hipóteses científicas tradicionais e tirar conclusões singelas, às quais ninguém havia chegado antes. Não se conhece tanto seu compromisso social, embora fosse um ardente pacifista, sempre pregando a não-violência.

Em nosso cotidiano, vivenciamos acontecimentos comuns e muitas vezes nem reparamos que seguem um padrão estabelecido pelas leis da natureza (Lei da Gravidade, Lei da Ação e Reação, etc.). O peso que sentimos ao levantar um objeto só existe graças à força de atração vinda do centro gravitacional da Terra, que o puxa para baixo.

O cair de uma pena ou um pingo de chuva ao chão acontecem da mesma forma.

O QUE SOMOS DENTRO DESSE GIGANTESCO UNIVERSO?

Vamos tentar nos encontrar dentro dessa imensidão?

Via Láctea

Tente imaginar-se sobrevoando a Via Láctea...

Dentro dela, está o nosso Sistema Solar girando ao redor de um núcleo que ainda não conhecemos bem.

Sistema Solar

Estamos longe do centro da Via Láctea, estamos na periferia dessa extraordinária formação. O Sistema Solar é fenomenal perante nossos olhos, mas, comparado-o à imensidão da Via Láctea, torna-se um minúsculo grão de areia.

Visualize agora o Sistema Solar e veja como ele é:

Sistema Solar

Lá está o nosso planeta Terra, girando ao redor do Sol, junto com outros planetas: Mercúrio, Vênus, Marte, Júpiter, Saturno, Urano, Netuno.

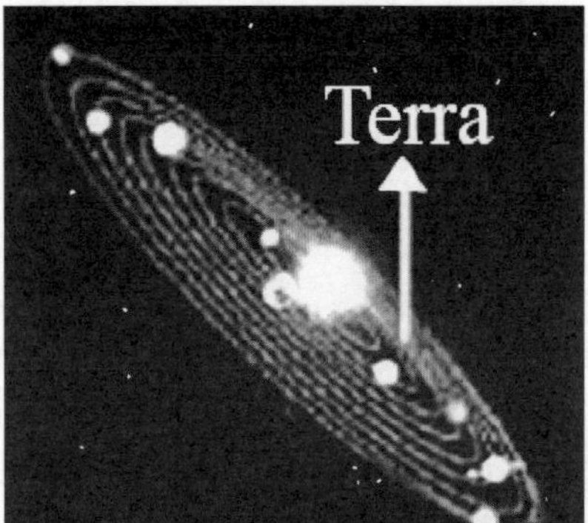

Agora já podemos visualizar a Terra, a nossa morada, dentro dessa imensidão. É assim que ela se formou e se mantém há bilhões de anos.

O planeta Terra e sua inseparável companheira girando ao seu redor, a Lua.

Não poderia ser diferente. Como tudo o que é vivo no Universo, a Lua também gira e sofre atração gravitacional vinda da Terra, um corpo muito maior que, conseqüentemente gira em torno do Sol e assim por diante.

E dentro do Planeta Terra, o que encontramos?

Entre tantas formas de vida, encontramos um dos seres mais espetaculares de todos:

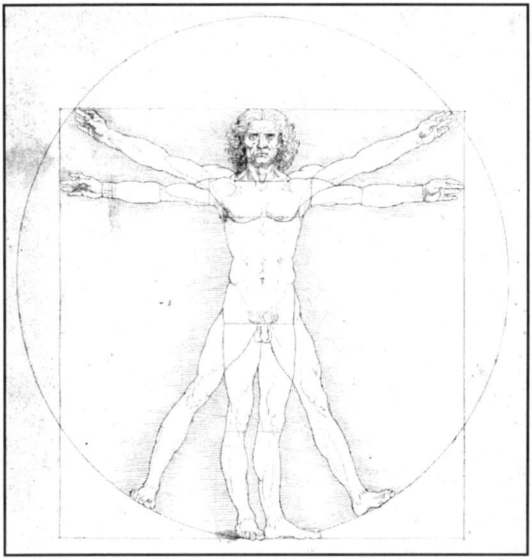

Nós, os seres humanos!

E de que nós, seres humanos, somos feitos?

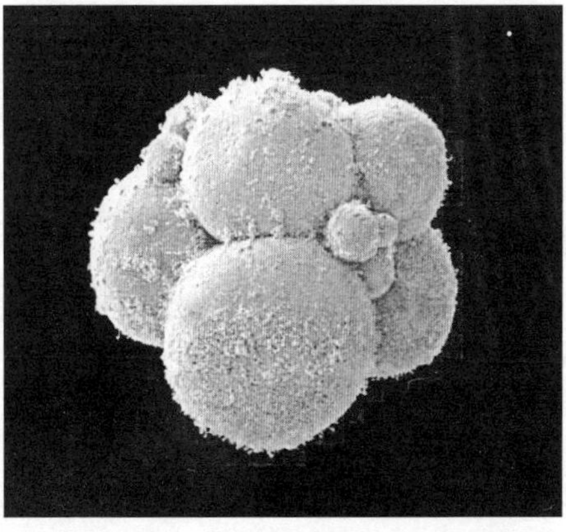

Células

De bilhões de células que se atraem e se agrupam formando órgãos: coração, pele, rins, fígado, ossos, etc. Todos juntos formam um sistema perfeito e completo, o organismo.

E de que são feitas as células?

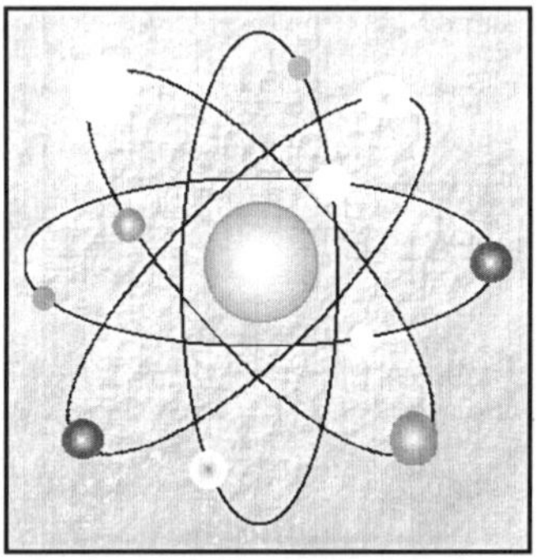

Átomos

Da menor partícula conhecida do nosso corpo e de tudo o que podemos imaginar que exista no Universo: o átomo.

E de que são feitos os átomos?

Energia

Tudo no Universo é energia

A Via Láctea, o Sistema Solar, a Terra, os seres humanos, tudo está vivo e vibrando. Somos como réplicas miniaturizadas de algo muito maior.

E o que é essa energia? De onde ela vem? Como ela é formada?

Essa é a mais pura das energias, a energia de Deus, um fluído Divino que não cessa jamais. Energia que alimenta nossas moléculas, reproduz nossas células e mantém todos os seres vivos no planeta.

Essa é a energia da criação, que gerou o nosso planeta, o Sistema Solar, a Via Láctea, o Universo e tudo o que se possa imaginar.

Essa energia é vida e está em todo lugar, vibrando a todo momento.

Se essa energia vem de Deus, do grande Criador, podemos pensar então que Deus também se manifesta por meio dela.

E se essa energia significa a presença de Deus em tudo o que existe, então Ele está presente em tudo, como um todo em qualquer lugar, até mesmo dentro de nós.

E se está dentro de nós, nunca ficaremos sozinhos ou desamparados. Deus estará sempre presente e estará sempre ao nosso lado.

Enfim, o que somos então?

Somos a imagem e semelhança de Deus.
Uma réplica perfeita da sua perfeição.
Somos parte do Universo,
somos semelhantes a ele,
somos como ele.
Energia Pura que vibra com perfeição.

Um Universo abundante

Vivemos num mundo perfeito, dinâmico e vivo, que não cessa jamais. Um mundo provido da mais pura energia, fabricada incansavelmente pelo Universo como numa gigantesca usina hidroelétrica. Uma usina de extrema abundância.

Imagine uma cachoeira de 100 metros de altura, encravada no meio de uma cadeia de montanhas, em um local longínquo.

Ela está ali despejando sem parar milhões de litros de água a cada minuto. Daqui a 50 anos estará lá da mesma forma, despejando seus milhões de litros com a mesma beleza e intensidade. E há quantos milhares de anos ela se mantém assim?

O Universo é inacreditavelmente abundante e nada poderá contê-lo.

Existe uma cachoeira de águas cristalinas que
forma um grande rio.
Um rio de grandes oportunidades
que passa na sua frente e flui sem parar.
Um rio que vai levá-lo até a felicidade,
se você realmente desejar.

Esse rio é seu também!
Pode beber dessa água,
está à sua disposição.
Pode usufruir ou não.

UMA HISTÓRIA MUITO ANTIGA...

Na época do Descobrimento do Brasil, um índio sempre ia à beira-mar e ficava olhando aquelas lindas naus portuguesas indo e vindo sem parar além do horizonte, carregadas de ouro e metais preciosos. Sentado debaixo de um coqueiro, ficava pensando sobre o porquê de tanto trabalho e para que tudo aquilo.

Um dia, intrigado, parou perante o capitão da nau portuguesa e indagou:

– Por que vocês portugueses carregam ouro e outros metais para suas casas? De que tanto precisam?

– Precisamos acumular riquezas! Temos medo de nossos filhos ficarem pobres quando morrermos!

O índio, indignado, não entendendo a resposta, disse:

– Mas por quê? Aqui não temos essa preocupação! A Mãe-Natureza fornece tudo o que precisamos. Quando morrermos, continuará fornecendo aos nossos filhos e netos também.

Confie no Universo,
ele nunca o abandonará.

Diante disso, por que se preocupar tanto com o futuro, com a concorrência do mercado globalizado, com a falta de emprego e de oportunidades?

O Universo é abundante; você não precisa ficar desesperado. Se o que realmente deseja vem do fundo do seu coração, você terá.

Você pode estar se perguntando:

– Mas com 6 bilhões de pessoas no mundo desejando, sonhando e querendo os recursos do Universo, eles não acabarão um dia? Não esgotaremos os recursos do nosso planeta?

A resposta é ***não***! Os sonhos, os desejos das pessoas não são iguais; mesmo se fossem, para o Universo não existe a palavra ***impossível***. A todo momento fazemos novas descobertas, encontramos recursos novos para suprir o que já se esgotou. O ser humano é versátil e totalmente adaptável. Para o Universo não existe tempo e espaço, a Natureza se renova, as pessoas se renovam, tudo se refaz.

A Natureza é suprema e soberana, sabe exatamente a hora certa em que tudo deve acontecer.

Não tenha pressa, dê tempo ao tempo.
Tudo tem a hora certa para acontecer.

Veja como exemplo a internet, a maior rede de comunicação mundial, nunca imaginada antes de ser criada entre os anos de 1960 e 1970, em pleno período da guerra fria entre os Estados Unidos e a União Soviética.

Mas o que seria da internet se não fosse o pioneirismo da transformação de dados enviados por uma linha telefônica em imagem, feita pelo fac-símile (fax)?

E o que seria do fax se não fosse o telefone?

Inventado por Graham Bell por volta de 1860

O que seria do telefone se não fosse o telégrafo?

Inventado em 1835, mas concretizado somente em 1844. A primeira linha telegráfica ligava Baltimore a Washington DC, onde foi feita a primeira transmissão oficial, cuja mensagem foi:

What hath God wrought!

(Que obra fez Deus!)

O que seria do telégrafo se não fosse o Código Morse, sistema de comunicação inventado para representar letras, números e sinais de pontuação apenas com uma seqüência de pontos, traços, e espaços. (. _ _-_... _)?

O que seria do Código Morse e as maravilhas das comunicações se não fosse o seu inventor?

(Samuel Morse – Séc. XVIII)

NÃO ENXERGAMOS, MAS ACREDITAMOS!

Não enxergamos muitos fenômenos de nosso dia-a-dia, mas mesmo assim acreditamos neles. Dizemos que tudo é realidade e decretamos como verdade. Não conseguimos enxergar a enorme força magnética que a Terra exerce sobre nós, como não enxergamos o magnetismo de um ímã sobre uma colher. Não enxergamos o magnetismo que o planeta exerce sobre um antigo instrumento de navegação, a bússola, composta por uma agulha magnética na horizontal, que aponta sempre para o eixo norte/sul do planeta ao ser atraída pelo centro magnético da Terra. Não conseguimos enxergar essa força, mas acreditamos que exista algo maior conduzindo-a a essa reação. Não importa o local onde estamos ou a posição em que a coloquemos, ela apontará sempre para o norte.

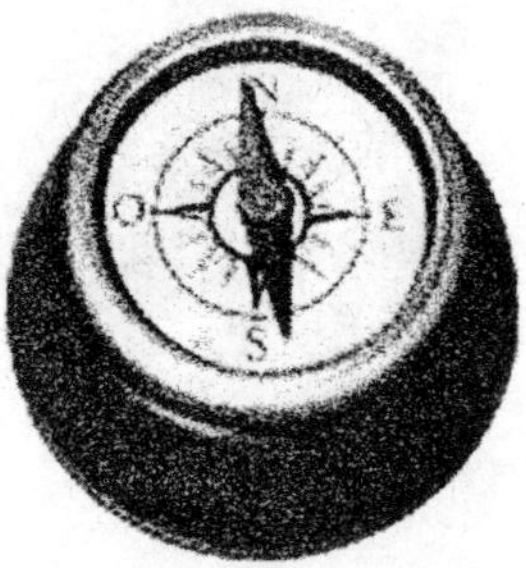

A palavra bússola vem do italiano e significa "pequena caixa".

Inventada pelos chineses, introduzida na Europa pelos árabes e aprimorada com a rosa-dos-ventos pelos portugueses.

Não enxergamos as ondas sonoras que emitimos quando falamos, nem mesmo as de um avião que passa sobre nossas cabeças.

Não enxergamos as ondas de rádio que chegam até os nossos televisores através do espaço.

Nem enxergamos as ondas emitidas pelos celulares que transportam as vozes das pessoas para os mais diversos lugares do mundo a todo instante.

Não vemos os raios ultravioleta, mas temos certeza de que eles existem.

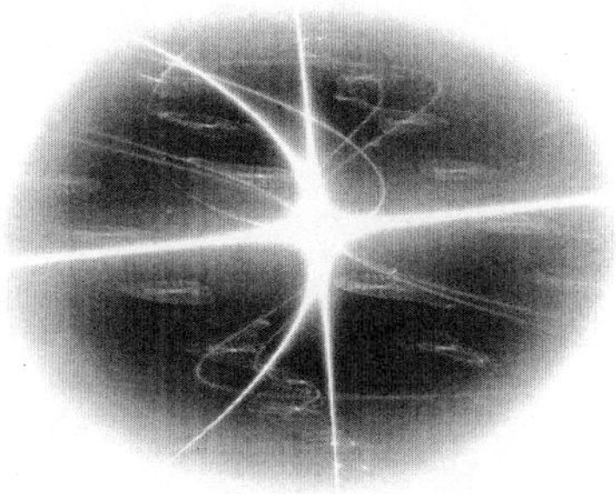

A andorinha do Ártico, considerada a maior atleta do mundo, atravessa o Planeta todos os anos de pólo a pólo, quase 15 mil quilômetros, só para se alimentar e fugir do frio do inverno. Segue sempre uma rota contínua sem perder a direção, utilizando-se somente de um instinto que lhe foi dado, uma espécie de bússola interna natural que a leva através dos pólos. É realmente uma grande viagem.

Se a Natureza presenteou a andorinha do Ártico com esse poder, o que não teria dado a nós, seres humanos?

O Presente

Nós, seres humanos, somos privilegiados, pois somos os únicos seres vivos do Planeta que têm o dom de pensar, criar e desejar. Temos a capacidade de imaginar nossos sonhos e projetar uma realidade para o futuro. Temos o dom de sentir, de nos apaixonar, de amar e muito mais. Temos o dom de atrair tudo o que queremos para nossas vidas, esse é o verdadeiro presente. Um presente incrível, capaz de transformar e modificar as pessoas e tudo ao seu redor. Além do poder de atrair, temos também o poder de acreditar.

A fé é o poder de acreditar naquilo que não se pode ver.

Só há duas maneiras de viver a sua vida:
Uma é acreditando que os milagres realmente existem e a outra é acreditando que eles não existem.

A Lei da Atração

Esse é o segredo que agora foi desvendado. Está à sua disposição e poderá mudar sua vida se realmente perceber o poder que ela pode lhe proporcionar. A Lei da Atração é mais uma lei do Universo, a mais bela e sublime dentre todas as que regem nossas vidas. Talvez um dia esse novo enigma possa ser finalmente decifrado pela ciência, como foram decifrados tantos outros mistérios do Universo, como a Lei da Gravidade, a Teoria da Relatividade e a Lei da Ação e Reação.

Todas eram teorias impensáveis e inimagináveis em um certo momento da história, e que de imediato não surtiram grandes efeitos, mas décadas depois se tornariam a base de nosso desenvolvimento e de nossa sociedade como um todo. A Revolução Industrial (Séc. XVII), em seguida a evolução tecnológica, e agora mais recentemente a revolução nas comunicações não existiriam da forma que conhecemos hoje se não fossem esses físicos e matemáticos brilhantes. A física do novo milênio, ou seja, a Física Quântica, evidenciará essa descoberta e mostrará que não é possível se ter um Universo com a mente separada dele.

A Lei da Atração é uma lei que existe. Não é porque não podemos vê-la que não podemos acreditar.

Não importa se você saiba ou não da sua existência, de uma maneira ou de outra ela estará agindo em sua vida. Não é porque não a conhece direito que não possa usufruir de suas propriedades maravilhosas.

A Lei da Atração é um segredo que poucos desvendaram até hoje e o guardaram para si, por ser muito valioso. Só assim conseguiam controlar e manipular seu poder em benefício próprio, sem que a humanidade tivesse acesso ao seu verdadeiro significado. Descobriram que o poder de seus ideais era infinito, providos de uma força ainda maior, o poder de atrair tudo ao seu redor e assim alcançarem seus objetivos, transformar o que realmente desejavam em realidade. Ao longo da história da humanidade notamos que sempre existiram pessoas de destaque que possuíam algo mais, pessoas que em determinado momento da história tornaram-se líderes, possuidores de um dom divino capaz de transformar e mudar pessoas, povos, civilizações, continentes e até o mundo.

Abraão

Nascido na cidade de Ur dos Caldeus, na Mesopotâmia, por volta de 1.800 a 2.000 anos a.C.
Foi o primeiro a compreender os segredos da Criação do mundo. Abraão registrou seus ensinamentos e observações no primeiro texto místico da humanidade: "Livro da Criação".
Segundo as nossas tradições, Abraão descobriu a existência de um único Deus observando apenas o Sol e a Lua, que se alternavam no céu, e a natureza a sua volta. Sua intuição, aliada à sua mente sagaz, fizeram-no concluir que devia existir um Governante de todo o Universo, que estabelecera e criara as leis da Natureza.
Dizia que somente um Ser Supremo e Perfeito poderia ter criado algo tão perfeito: DEUS.

Deus disse a Abraão em seu chamado:
"Quero que você tenha confiança total em mim, Abraão. Você não vai saber de onde virá sua próxima refeição. Nem onde será sua próxima casa. Se quiser fazer uma aliança comigo, tem de confiar em mim com todas as células do seu corpo. E, se o fizer, terá minha bênção".

Sócrates (nascido em Atenas, em 470 a.C.)
Um dos principais filósofos da Grécia Antiga.

"Conhece-te a ti mesmo e conhecerás o Universo e os deuses."
"Tendo desejos, chega-se mais perto dos deuses."

Platão (nascido em Atenas, em 427 a.C.)
Discípulo de Sócrates e mestre de Aristóteles.

"Quando a mente está pensando, está falando consigo mesma."
"Devemos seguir sempre o caminho que nos conduz ao mais alto."

*Alexandre, o Grande**

"Nada é impossível para aquele que persiste."

"Lembre-se que da conduta de cada um depende o destino de todos."

A poderosa figura de Alexandre III pertence ao reduzido grupo de homens que definiram o curso da história humana. Seu gênio militar se impôs sobre o Império Persa e assentou as bases da frutífera civilização helenística. Alexandre nasceu em 356 a.C., no palácio de Pella, Macedônia. Filho do rei Filipe II. O seu desejo mais profundo era descobrir o Oriente e conquistá-lo a qualquer custo. Isso o tranformou em um verdadeiro líder, capaz de atrair para si os melhores soldados e os mais fortes guerreiros da época. Junto com um exército nunca antes visto, de 40 mil homens, seguiu incansável durante sete anos pelo Leste Asiático, movido por um sonho e desacreditado por muitos. Mas ele acreditou e seguiu até o fim tornando-se o maior conquistador conhecido até então.

---

*N.E.: Sugerimos a leitura de *O Gênio de Alexandre, O Grande*, de N.G.L. Hammond, Madras Editora.

"Que força é esta eu não sei, tudo o que sei é que existe, e está à disposição apenas quando alguém está num estado em que sabe exatamente o que quer e está determinado a não desistir até conseguir."

Alexander Graham Bell

"O pensamento lógico te leva de A a B, mas a imaginação pode te levar a qualquer lugar no Universo."

Albert Einstein

"Você cria seu próprio Universo enquanto o percorre."

Winston Churchill

"É a imaginação que governa o gênero humano."
Napoleão Bonaparte

Nascido em 1769, na Córsega, uma ilha localizada no Mar Mediterrâneo. Um dos maiores conquistadores modernos, foi imperador da França de 18 de maio de 1804 a 6 de abril de 1814, adotando o nome de Napoleão I.

Além disso, conquistou e governou grande parte da Europa central e ocidental.

"Não há domínio ao mesmo tempo maior e mais humilde que o que exercemos sobre nós mesmos."
*Leonardo da Vinci**

Nascido em Anchiano em 1452, foi pintor, arquiteto, engenheiro, cientista e escultor do Renascimento italiano. É considerado um dos maiores gênios da história da humanidade.

Esses grandes personagens da História conheciam o poder da Lei da Atração. O mais incrível é que continuam sendo poucas as pessoas que o conhecem e detêm o poder econômico e intelectual no mundo atual. Somente 1% do total de pessoas no mundo possui 96% de toda a riqueza existente no planeta. Será que isso é somente obra do acaso?

---

*N.E.: Sugerimos a leitura de *Leonardo da Vinci por ele mesmo*, e o *Tarô de Leonardo da Vinci*, de Atanas Atanassov e Tassen Ghiuselev, ambos publicados pela Madras Editora.

Você mesmo poderá responder!

Eles sabem que para ter é preciso **ATRAIR**.

Esse tesouro não pode mais ficar trancado a sete chaves. Está à sua disposição e agora inacreditavelmente você poderá se beneficiar desse poder a qualquer momento. Vamos ajudá-lo a compreender que a força da Lei da Atração está presente em sua vida. Você verá que é possível usufruir de suas maravilhas. Descobrirá a fonte da prosperidade e da felicidade. Perceberá que é uma força regente em nossas vidas e que nos mantém em constante transformação, sempre com um único objetivo, uma única direção, a sua realização.

Tudo que acontece em sua vida, as pessoas com quem convive atualmente, seus relacionamentos, suas amizades, seja por um motivo ou por outro, é resultado do que existe dentro da sua mente, é resultado do que está pensando. Tudo que você pensa você atrai. Somos como grandes ímãs: tudo o que desejamos e pensamos atraímos para nós. Atraímos de acordo com nossas vibrações. Somos seres vibracionais e atraímos tudo que nos é semelhante. Essa é a base da Lei da Atração, semelhantes atraem semelhantes.

O que você pensa, você sente.
O que você sente, você vibra.
O que você vibra, você atrai.
Somos seres vibracionais
que interagem no Universo.

A Lei da Atração está aí, sempre esteve e sempre estará, sem distinção de raça, credo ou classe. Não temos como evitá-la. Ela tem um poder extraordinário, capaz de transformar e modificar o mundo ao nosso redor. Você pode parar um instante e se perguntar:

- ***Então, se for assim, um ditador fanático, um tirano ou um criminoso doentio poderiam acabar com o mundo se usassem esse poder?***

A resposta é sim, mas lembre-se de que toda ação também provoca uma reação.

Lei da Ação e Reação

"Para cada ação sempre há uma reação oposta e de igual intensidade."

Para o Universo não existe bem ou mal, o que lançarmos para ele voltará com a mesma intensidade para nós, como se estivéssemos jogando um bumerangue.

Por isso, ter cuidado com os pensamentos é o principal. A Lei da Atração recompensa toda emoção com a mesma emoção. Se lançar o bem, receberá o bem, se lançar o mal receberá o mal.

Ter atenção com as palavras é uma forma para compreender o que realmente estamos vibrando e, por conseqüência, atraindo. Representam exatamente o que existe dentro de nós. Se você disser constantemente frases como:

Não sou capaz. Não tenho dinheiro para nada. Não sei direito o que fazer. Não sei o que quero, estou perdido.

Ou então frases de medo:

O que será do mundo daqui para frente, não suportaremos o aquecimento global. O mundo está perdido, as pessoas estão muito violentas, são tragédias a todo instante.

Ou frases com raiva e ressentimento:

Não agüento mais meu chefe, ele é insuportável. Eu odeio meu vizinho. Fulano me paga por ter me passado para trás naquele projeto.

Então é isso que estará oferecendo, é isso que estará atraindo, uma vibração negativa para você, para as pessoas que estão ao seu redor e para o mundo. Imagine milhões de pessoas vibrando com tantos pensamentos negativos ao mesmo tempo, seria realmente uma catástrofe. A vibração coletiva tem um poder indescritível. Se todas as pessoas tiverem a certeza de que o mundo vai acabar daqui a cem anos, possivelmente isso acontecerá; mas se por outro lado todos imaginarem ser possível ultrapassarmos os obstáculos atuais e definitivamente evoluir, então o mundo certamente se tornará um lugar melhor.

Você pode ajudar a mudar isso fazendo sua parte. Se conseguir modificar seu padrão de pensamento, automaticamente sentirá essa vibração e atrairá o positivo em sua vida, para as pessoas e para o mundo. Ao invés de pensar: ***Não sou capaz***, pense diferente, ***sou capaz***.

Pode parecer complicado no início, pois os pensamentos negativos não sobrevivem sozinhos, precisam de outros ainda maiores para alimentá-los. Vêm acompanhados de outras palavras, como: ***não***, ***nunca***, ***jamais e seus adjetivos***, ***substantivos e comparativos.*** Todas elas enfatizando o negativo. Se você possui esse tipo de padrão de pensamento ou alguma outra forma similar de encarar o seu dia-a-dia, e isso esteja atrapalhando sua vida, então precisa mudar e começar a vibrar e atrair o positivo.

Por exemplo: Você deseja conseguir aquele emprego, mas, para conquistá-lo, precisa se especializar e fazer um curso, e, para fazê-lo, precisa obviamente de dinheiro. Nessa situação, você diz:

— *Eu nunca conseguirei aquele emprego, não tenho qualificação e o conhecimento necessário eu nunca o terei, pois não tenho dinheiro para fazer o curso de que tanto preciso.*

Você tem de sair dessa espiral de negativavidade, do contrário, nada acontecerá. Se precisa de dinheiro, então o deseje de verdade, crie um foco de intenção para atraí-lo até você. Veja a mesma situação anterior com um ponto de vista modificado:

— *Quero ter dinheiro para fazer aquele curso, obter o conhecimento necessário e assim conquistar aquele emprego que tanto desejo.*

Se pensar dessa maneira, vai começar a vibrar o positivo e atrair a prosperidade. Pensando o positivo, sem dúvida seus problemas diminuirão drasticamente.

Esse pequeno exemplo mostra que os três obstáculos que imaginava ter: ***Não ser capaz***, ***não ter conhecimento e não ter dinheiro*** foram reduzidos a apenas um: ganhar o dinheiro. Os outros dois são apenas conseqüência do primeiro. Com seus pensamentos potencializados, em pouco tempo as oportunidades começam a surgir e os obstáculos, a desaparecer; uma nova jornada se inicia e tudo começa a funcionar com perfeição.

É necessário ser claro e transparente com você mesmo. Se, por exemplo, trabalha em uma grande empresa e não tem afinidade com alguém da sua área de trabalho, sente-se mal quando ela está por perto e vive dizendo:

— **Não suporto aquela pessoa, o pior é que ela está sempre por perto, me vigiando, não me sinto bem, ela me faz mal!**

Mesmo não a suportando, continuará atraindo-a até você. Pare de vibrar na mesma freqüência em que ela está vibrando, simplesmente não pense nela, ignore-a. Perceberá em pouco tempo ela se distanciar de sua vida, e você se tranquilizará.

É claro que é mais fácil e confortável pensar o negativo, afinal estamos acostumados a isso, fomos criados dessa maneira. Desde que nascemos, uma das primeiras palavras que ouvimos é o ***não: "não pode", "não faça isso", "não mexa naquilo", etc.*** No entanto, o pensamento positivo é e sempre será mais poderoso que o negativo.

***A raiva, o ódio, a preocupação,
o pessimismo e o desespero de uma pessoa podem
facilmente ser aniquilados
perante a beleza de um simples olhar,
um inocente e iluminado sorriso
de um bebê.***

O negativo é assim: fraco, solúvel e facilmente destrutível. Já o positivo é infinitamente superior. Quem já sentiu a prosperidade, a alegria, a solidariedade, o entusiasmo e o otimismo, sabe a força que esses sentimentos possuem e que carregam consigo o poder da transformação. São sentimentos nobres que têm como objetivo levá-lo adiante, para algum lugar. Ao contrário dos pensamentos negativos, que não nos levam a lugar algum.

Para onde pode nos levar o ódio?

Para onde pode nos levar o amor?

Para onde pode nos levar a ignorância?

Até onde pode nos levar o conhecimento?

São perguntas simples e que todos podem responder. É fácil de entender. Se pensar o negativo, além de atrair cada vez mais tudo o que existe de ruim ao seu redor, irá se sentir fraco como ele; qualquer situação ou obstáculo que vier a enfrentar pelo caminho irá lhe derrubar, tornando-o um alvo fácil para as frustrações e decepções.

Mude o foco, seja criativo, procure encontrar o aspecto positivo nas mais difíceis situações, comece a vibrar o positivo e sinta a força do Universo agindo dentro de você.

Muitas perguntas podem vir à sua mente todos os dias e, às vezes, você não consegue compreender:

Por que os ricos se tornam cada vez mais ricos?

Por que os pobres continuam pobres ou cada vez mais pobres?

Por que pessoas que só falam em doenças adoecem cada vez mais?

Por que pessoas alegres continuam tão felizes?
Por que algumas pessoas têm tanta sorte na vida e outras não?
Por que sempre encontro pessoas que não quero encontrar?
Por que algumas pessoas estão sempre cheias de problemas e outras não?

Simples, porque tudo é energia, tudo está vivo, tudo vibra. O que se pensa é o que se vibra, o que se vibra é o que se atrai.

Coloque o foco no que você realmente ***quer*** e não no que ***não quer***. Se pensar:

Eu não quero continuar pobre. Continuará pobre.
Eu não quero sofrer nenhum acidente. Atrairá acidentes.
Eu não quero ficar desempregado. Com certeza ficará sem o seu emprego em breve.

O correto, portanto, é mentalizar o que realmente quer. Se pensar:

Eu quero ficar rico. Atrairá a riqueza.
Eu quero viver em segurança. Estará seguro.
Eu quero ter um emprego melhor e ser bem-remunerado. Em pouco tempo isso acontecerá.

Identifique suas vibrações

Antes de tudo é necessário mapear sua mente e identificar o que é negativo e o que é positivo. Lendo e visualizando esses sentimentos você automaticamente os diferenciará. Na tabela seguinte, tente identificar os seus pontos negativos e os positivos e marque-os. Não se preocupe, todos nós possuímos sentimentos negativos e convivemos com eles. São essenciais para nos manter em equilíbrio, como o Universo também precisa dessa dualidade para se harmonizar. Afinal, o que seria da luz se não fosse a escuridão, o que seria do calor se não existisse o frio, o que seria do forte se não fosse o fraco e o que seria da vida se não existisse a morte? São dualidades que convivemos diariamente, contudo são elas que nos fazem avançar e seguir em frente.

O primeiro passo é fazer um balanço da sua vida.

Como realmente se sente?

Estressado(a), muito ansioso(a), irritado(a), infeliz, tranqüilo(a), cheio(a) de vitalidade, alegre e otimista?

Identifique todos os seus sentimentos em uma folha e avalie a origem de cada um deles.

Nas colunas abaixo, compare e marque os sentimentos que estão mais presentes e fortes atualmente em sua vida.

Positivo	**Negativo**
Amor	Ódio
Serenidade	Irritação
Otimismo	Pessimismo
Esperança	Desesperança
Solidariedade	Egoísmo
Entusiasmo	Desânimo
Saúde	Doença
Bondade	Maldade
Fé	Descrença
Alegria	Tristeza
Lealdade	Traição
Confiança	Falsidade
Tranqüilidade	Nervosismo
Coragem	Medo
Humildade	Arrogância

O segundo passo é potencializar os sentimentos positivos que assinalou e evidenciá-los, neutralizando assim, automaticamente, os sentimentos negativos em seu dia-a-dia e evitando qualquer domínio que eles possam vir a ter sobre você.

Será uma ferramenta indispensável para utilizar sempre que precisar alinhar o seu eixo principal, seu eixo de sinergia com o Universo e seguir em busca do seu objetivo maior.

Só você pode mudar sua vida,
ninguém mais poderá fazer isso.

Sendo assim, encontrar esse objetivo maior, a sua verdadeira vocação para a vida, descobrir seu eixo de sinergia com o Universo é essencial. Pode parecer complexo em um primeiro instante, no entanto, será simples.

Nem tudo precisa ser necessariamente
complexo para ser eficiente.

Só precisa encontrar esse caminho, o seu norte para seguir. Precisa descobrir o que realmente lhe dá força e esperança. Lembre-se dos seus sonhos de infância, quando tudo era possível de se realizar, quando não existiam obstáculos suficientes para lhe fazer desistir de sonhar. Procure dentro de você esse desejo mais profundo, ele está em algum lugar.

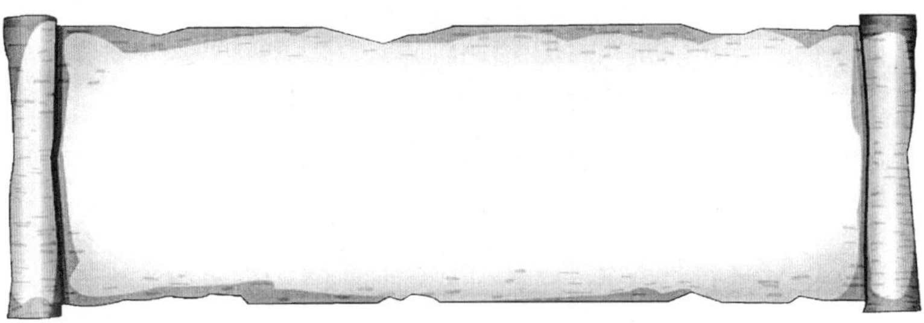

Descrever o seu objetivo maior é a melhor
maneira de dizer a si mesmo: Isso é real!

Não é somente um sonho.
Isso é o que eu quero, é o que eu desejo.
Eu posso conseguir.

Essa vontade, esse desejo, vai motivá-lo a levantar-se e a agir, vai dar-lhe a confiança e a certeza de que você pode alcançar seu objetivo. Assim, alinhado ao seu eixo estará pronto para o que o Universo lhe reserva.

Ao descobrir esse caminho, sua mente se transformará em um grande ímã e criará uma espiral infinita de energia, que lhe impulsionará para cima com toda força, destruindo todos os obstáculos que estiverem pela frente. Entrar nessa espiral é iniciar uma nova jornada em sua vida; seu coração brilhará, sentirá um impacto positivo em suas ações e verá que possui uma incrível habilidade de fazer acontecer. Verá que não somente a sua vida se transformará, mas todos que estiverem ao seu redor, sua família, seus funcionários, sua comunidade, seus clientes, seus amigos, participarão de uma nova vida de prosperidade, uma vida de valores que realmente valem a pena serem vividos, uma vida de limites desobstruídos, com padrões mais elevados e relacionamentos significativos, uma vida com menos *estresse*, voltada para o bem-estar e o crescimento.

NADA É POR ACASO

Realmente nada é obra do acaso. Como já foi dito anteriormente, fatos, pessoas, situações boas ou ruins que surgem em nossas vidas não são coincidências, simplesmente são o resultado do que estamos atraindo para nós mesmos.

Pessoas semelhantes desenvolvem ações semelhantes, que desencadeiam milhares de reações ao seu redor, criando a cada instante novas situações e eventos, atraindo as pessoas entre si, criando, assim, a magia dos encontros. Esses pensamentos em plena conexão estabelecem uma mesma faixa de freqüência. São milhares as freqüências, como se fossem as de um rádio. Você tem o controle em suas mãos, pode escolher a estação que deseja e conectar-se. Pode escolher estar junto dos que reclamam da vida, da falta de dinheiro, da falta de oportunidades e emprego, dos hipocondríacos, dos sovinas e dos corruptos. É simples, só precisa entrar nessa freqüência de pensamento e em pouco tempo estará convivendo com eles.

Por outro lado, você pode escolher estar junto daqueles que desfrutam a vida com alegria, dos que acreditam na prosperidade, dos que fazem caridade, dos que são solidários, dos que acreditam no futuro e na felicidade.

O controle está em suas mãos.
Você pode escolher a estação.

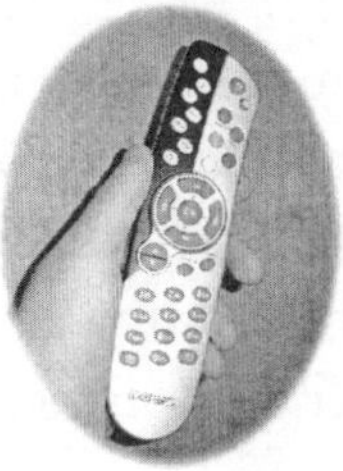

À DERIVA

A única maneira de alguém ficar destinado ao acaso é se tornar uma pessoa sem atração. Sem sonhos para realizar e metas para alcançar, essa pessoa fica ao sabor do vento, destinada ao acaso, como um barco à deriva em alto mar. Pode ficar vagando meses sem que nada de grave aconteça, mas pode, de repente, chocar-se contra rochas pontiagudas, ou então ficar encalhada para sempre em um imenso banco de areia em mar aberto.

Uma pessoa sem sonhos e sem objetivos neutraliza-se, desconecta-se, torna-se inerte perante o Universo.

Cultive sempre a arte de sonhar.

O MOMENTO DO ÊXTASE

A emoção ao ver um filho nascer, de conseguir aquele emprego tão desejado, da satisfação de fazer uma viagem que sempre sonhamos ou ver os filhos formados, de encontrar o grande amor de nossa vida, de realizar um sonho que tanto desejamos, tudo isso nos faz perceber que somos parte de algo muito maior.

São nesses momentos que conseguimos nos conectar totalmente com a Energia da Perfeição, nesses pequenos espaços do tempo nos conectamos com o Superior. Um instante em que todas as nossas vibrações positivas são lançadas com força total para o Universo, que reage automaticamente, respondendo e agradecendo com a mesma intensidade, retribuindo com a mesma emoção e com a mesma vibração. É o momento em que nos abastecemos com a mais pura das energias.

Sua mente é soberana

A mente é um órgão espetacular que ainda conhecemos e utilizamos muito pouco, somente 5%.

É um órgão poderoso, capaz de criar, armazenar e gravar todos os pensamentos, coordenar os movimentos, comandar emoções e muito mais. Tem ainda a capacidade de transformá-los em energia, uma vibração que flui para fora de nosso cérebro, diretamente para uma imensa rede invisível de conexões, formando um fabuloso emaranhado de sensações, aspirações, sentimentos e desejos que circulam pelo Planeta.

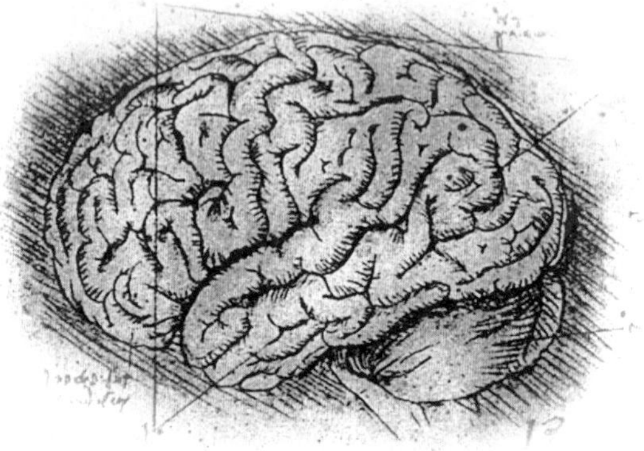

Agora que já descobriu o poder da Lei da Atração, quando começar a utilizá-lo, você perceberá que novas pessoas surgirão em seu caminho, as decisões e escolhas que fizer a partir daqui originarão acontecimentos involuntários em sua vida como em um passe de mágica. Em muitos momentos não precisará fazer nada, o Universo se encarregará disso para você. Criará condições para seu desejo se realizar, acredite! Surgirão idéias, alternativas, saídas, soluções em seu caminho, sinais claros para guiá-lo por este novo rumo. Não será por acaso, o acaso não existe. Tudo acontecerá porque simplesmente estará atraindo para si o que realmente desejou.

No entanto, não pense que será tão fácil. Recebemos esse dom, mas nada cai do céu assim, como também nada muda de um dia para o outro. Quanto maior o seu desejo, maior será a sua determinação. Se desejar ser um empresário, ter uma grande empresa com muitos funcionários e com grande faturamento, poderá ter, o Universo lhe dará condições para isso, mas terá de fazer a sua parte. Se, por outro lado, desejar apenas ter uma vara de pescar e um pequeno sítio para descansar, também terá e com muito menos esforço, é claro.

O Universo sempre conspira a seu favor.

Se você pedir, o Universo lhe atenderá!

IMAGINAÇÃO (IMAGEM+AÇÃO)

É a imagem da mente entrando em ação. A língua portuguesa sintetizou nessa palavra toda a essência da teoria da Lei da Atração. Se você parar e se concentrar por mais de 15 minutos em um determinado pensamento sobre algo que deseja realizar ou alguma coisa que almeja ter, essa imagem ficará gravada em sua mente.

Você é quem comanda, sua mente atrai o que imagina.

Um executivo pronto para ir a uma entrevista de emprego, ansioso, fica imaginando que não é capaz, que não vai conseguir aquela vaga, que vai ouvir mais um não. Ele criou essa situação em sua mente e, ao entrar para a entrevista, a imagem inevitavelmente entrará em ação e ele escutará o tão esperado...

Não!!!!!

Se tiver que enfrentar uma entrevista para um futuro emprego, vá convicto e conseguirá. A convicção é meio caminho para a realização. Quebre os paradigmas e veja-se por outro ângulo nessa situação. Em vez de estar ali para ***PEDIR*** um emprego, você pode entrar naquela sala para ***OFERECER*** o que tem de melhor: a sua capacidade e o seu conhecimento. Se não acreditar em você mesmo, ninguém mais acreditará.

Se um boxeador entrar num ringue achando que seu adversário é melhor, que vai perder a luta, certamente a probabilidade de perder será grande e, por nocaute. Da mesma maneira, se uma empresa cria um produto e continua achando que o produto do concorrente é melhor, certamente essa empresa estará fadada ao fracasso. Sua realidade é você quem faz, é a mais pura representação da sua imaginação.

Uma pessoa apreensiva, que assiste a muitos programas de TV sobre violência, acidentes, desgraças, que só fala sobre tragédias e guerras, tem sua vida sugestionada por isso. Todas as suas ações têm como base esse padrão de pensamento. Essa é a freqüência em que ela vibra, por conseqüência é isso que ela atrai. Ao sair de casa sentirá medo de ser assaltada, de sofrer um acidente, de ser seqüestrada. Com certeza a probabilidade de acontecer alguma coisa ruim com essa pessoa é bem maior do que com qualquer outra.

Não vicie seus pensamentos a ponto de atrair acontecimentos que você não possa conter.

A Lei da Atração não lhe faz olhar para o passado e sim focar o futuro.

A Lei da Atração na Prática

Exercitar a gratidão

Agradecer é o primeiro passo para se conectar com o Universo. Quando você pára de reclamar pelo que não tem e passa a agradecer pelo que tem, começa a ver sua vida por outra perspectiva, é uma maneira de alinhar seus pensamentos e desejos. Agradeça ao Universo, olhe para sua vida, valorizando o agora, agradeça pelas coisas que possui, que conseguiu construir, pelos amigos, pela família, pelo trabalho, pelos bens materiais. O que vale é o que vem do coração.

Relacione nas próximas páginas tudo pelo que você é grato em sua vida.

O DINHEIRO

Se você quer atrair a riqueza, é bom sentir a gratidão.

Ao ver essa imagem, você pode estar pensando como a maioria das pessoas. É comum, não se preocupe, fomos todos criados assim, automaticamente sua mente já o descreve como algo negativo e sujo, acompanhado de palavras como ganância e pecado.

Muitas pessoas têm dinheiro, são ricas, mas se sentem culpadas ou se tornam mesquinhas a ponto de se isolarem do mundo por se acharem superiores. Outras são pobres, não têm dinheiro, mas se vangloriam e fazem apologia às suas condições. É exatamente aí que está o erro. No mesmo instante em que desejam o dinheiro incansavelmente, elas o repelem por pensar dessa forma. Não existe nenhum problema em desejá-lo com naturalidade e querer tê-lo em suas mãos. Se o dinheiro existe no mundo, ele está à nossa disposição, e sabemos que existe em grande quantidade.

Enquanto uns o esperam
e outros o perseguem,
Você pode optar por atraí-lo!

Como já vimos, poucas pessoas detêm o poder econômico no mundo. Sabem exatamente como atrair cada vez mais dinheiro para suas empresas, atrair pessoas capazes, inteligentes e criativas, sabem planejar, estabelecer metas e alcançá-las, crescendo cada vez mais.

Você com certeza vai se perguntar:

— ***Então como eu, um simples mortal, posso fazer isso tudo acontecer?***

Só precisa descrever e gravar em sua mente o que deseja e quanto deseja, para quando e por quê. É muito importante que descreva os detalhes para que o desejo não se torne subjetivo para o Universo. Não adianta dizer:

— Eu quero ganhar muito dinheiro um dia.

O ***muito*** para você pode ser pouco e ***um dia*** pode ser daqui a 30 anos para o Universo. Tem que ser objetivo nessa hora. Exemplo:

— ***Eu quero ter uma renda fixa de R$ 3.000,00 por mês até o final do ano.***

— *Eu quero ter R$ 100.000,00 em minha conta bancária nos próximos dois anos.*

— Quero que minha empresa fature R$ 100.000,00 por mês no ano que vem.

Temos que lidar com o dinheiro como uma energia de troca, que flui incessantemente a cada minuto por entre nossas mãos. Se quiser tê-lo, deve considerá-lo como um bem de troca. Ter gratidão ao receber uma conta ou pagar uma dívida é essencial, não considere isso um sacrifício e sim como algo que ajudará alguém que lhe tenha servido. Imagine esse dinheiro sendo útil para essa pessoa e agradeça por ter conseguido pagá-lo. Não acredite que o dinheiro cairá em suas mãos ou em sua conta bancária de uma hora para outra, como em um passe de mágica. Claro que seria muito bom se fosse assim, mas não é. Não somos uma ilha, precisamos de pessoas a nossa volta para estabelecer uma relação de recebimento e troca. Não adianta fugir, é assim que funciona.

Empregados precisam de patrões,
empresários precisam de funcionários,
comerciantes precisam de clientes,
inventores precisam de investidores,
atores precisam de público,
pintores precisam **de** ***marchands,***
televisão precisa de telespectadores, etc.

A mágica está em descobrir as ferramentas necessárias para alcançar suas metas e atrair pessoas para que seu desejo se realize.

O ***dinheiro só vem***
por intermédio das pessoas.
Somos o único veículo.

A não ser que tenha muita sorte e ganhe na loteria. Mesmo assim, seriam necessárias milhares de apostas, de milhares de pessoas, para ter um montante tão grande.

- Então, para ter dinheiro, tenho de atrair as pessoas?

- Sim, mas deixe que o Universo faça isso por você!

Lembre-se de que sua mente tem poder. Se realmente deseja algo, o Universo fará de tudo para que se realize.

Ganhar dinheiro, ser bem-sucedido, pode parecer uma coisa estressante, como se você estivesse em uma maratona, correndo em meio de uma multidão obcecada para chegar ao mesmo lugar.

E tem de ser rápido, afinal está competindo com todos. Mas não é assim. Nem todos desejam chegar ao mesmo lugar que você. No meio dessa ***Corrida da Vida***, muitos param para descansar, outros mudam de caminho e outros até voltam para trás. Então vá em frente, sem desespero, seu sonho é a sua meta. Não basta só querer, tem de acreditar que seu sonho é possível. Deve ser ambicioso, mas nunca ganancioso. Existe uma diferença muito grande entre essas duas palavras. Temos de encontrar o equilíbrio e evitar os extremos, só assim estaremos alinhados ao Universo.

Seus objetivos

Faça uma lista de objetivos para sua vida, descreva-os em detalhes, visualize seus sonhos se realizando, suas metas, seus desejos, desde o mais simples ao mais complexo (valores, lugares, pessoas, etc.). Os detalhes são imprescindíveis, quanto mais detalhes descrever, mais claro e bem fixados em sua mente eles estarão. Se conseguir, além de descrevê-los, desenhe-os, como se você fosse um verdadeiro arquiteto. Seja o arquiteto de sua vida, desenhe os seus sonhos, faça um projeto para sua vida. Você já imaginou um arquiteto construir uma casa sem antes ter um projeto? Ordenar que seus operários colocassem tijolo sobre tijolo sem parar e depois ver no que vai dar?

Não tem como! Então, mãos à obra!

Se você deseja uma casa, coloque seu sonho no papel. Desenhe a casa dos seus sonhos, dê forma a ela, quartos, cozinha, uma linda sala com lareira, piscina, jardim, etc. (recortes de revistas também valem, não há problema.)

Se deseja um carro, idealize-o. Imagine como ele seria, a cor, o modelo, a marca, os opcionais; quanto mais detalhes, melhor. Agora visualize o bem que ele lhe trará, sua utilidade, sua praticidade, seu conforto e segurança. Vá mais além: visite uma concessionária, entre nesse carro, faça um *test drive*, não tem nenhum problema em desejá-lo, se realmente é o que quer, poderá tê-lo. Comece a materializar seu sonho.

Se almeja ser uma pessoa de sucesso, capaz de vencer na vida e construir aquela carreira que tanto sonha, além de colocar em prática a tão famosa frase "Não desista jamais", construa esse sonho. Modele-o fazendo uma maquete virtual em sua mente e imagine-se próspero. Agregue valor, dê força a esse desejo, descubra dentro de você qual é a sua verdadeira intenção. Existem várias intenções por trás de um desejo latente, você deve descrever para si mesmo quais são. Se sonha com uma carreira somente porque ela lhe trará dinheiro e com isso acumulará riquezas e conquistará *status*, não há problema algum, se é isso o que realmente visualiza para seu futuro. Da mesma forma, se deseja com essa carreira ganhar dinheiro para conseguir comprar a tão sonhada casa própria para sua mãe ou para constituir uma família, ou até mesmo quem sabe para um dia poder comprar um terreno e nele construir um grande orfanato que abrigaria mais de cem crianças carentes, vá em frente; não existem limites para sua imaginação. O importante é identificar a sua verdadeira intenção.

O Universo sempre trabalha a seu favor

Descreva com detalhes, escreva tudo o que deseja. Podem ser bens materiais, emprego, oportunidade ou qualquer coisa. Não precisa ser somente para você, também pode desejar para os outros; por exemplo, que seu filho passe no vestibular, curse Medicina e se torne doutor um dia, afinal, se isso for o que ele também deseja, esse pensamento estará potencializado em duas vezes. Se outra pessoa da familía, amigo e namorada, pensarem da mesma forma a seu favor, então estará potencializado em quatro vezes e assim por diante.

Se por ventura você fosse um empresário ou empresária e sua empresa tivesse 50 funcionários, e você conseguisse fazer com que todos tivessem o mesmo desejo, os mesmos objetivos, as mesmas metas para alcançar, a probabilidade de sua empresa ser promissora e ter sucesso seria muito maior. Pois não é somente o seu o desejo de crescer, e sim, o de todos somados, potencializando-os em 51 vezes. Por sua vez, se esses desejos trouxerem benefícios, conforto e alegria para as famílias desses funcionários, então isso se torna uma corrente de energia e vibração positiva infinita, extremamente forte, e se transforma em uma ***Vibração Coletiva*** difícil de se destruir.

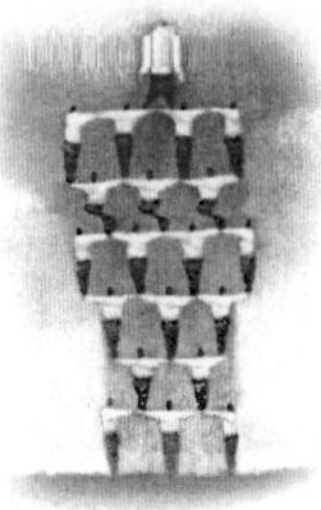

Uma grande idéia, um grande pensamento, surge de repente. Por necessidade ou por vontade. Uma grande empresa, uma grande corporação, surge de um simples pensamento, do desejo de alguém que acredita ser possível transformar um sonho em realidade concreta, forte e completa.

O grande empreendedor é atraente por natureza, é fonte geradora de oportunidades, estímulos e riquezas. Seu foco é a realização dos sonhos daqueles que estão ao seu redor. O dinheiro para ele não é um resultado financeiro e sim a conseqüência da Atração, uma forma de riqueza baseada na Gratidão.

"Lembrai-vos que é necessário a benevolência dos homens para o sucesso nos negócios."

Sócrates

O Livro da Vida

Quando nascemos, nascemos com o livro da nossa história embaixo do braço; nesse livro existem páginas escritas e lacradas que não mudam. Pais, irmãos e filhos fazem parte dessa história. Porém, nesse mesmo livro da vida existem páginas em branco, prontas para serem preenchidas. Você é o autor e o personagem principal dessa história, pois você é o dono do seu próprio destino, possui o livre-arbítrio e com isso tem a possibilidade de criar sua própria realidade, seus sonhos e projetar seu futuro.

A partir de agora comece a preencher essas páginas que estão em branco e comece a desfrutar as maravilhas que a Lei da Atração pode lhe proporcionar.

Descreva nas páginas seguintes os seus reais objetivos a serem conquistados.

Seus desejos para daqui a três meses:

Para daqui a seis meses:

Para daqui a um ano:

Para daqui a dois anos:

Para daqui a cinco anos:

Para daqui a dez anos:

Toda vez que ler ou lembrar dessas anotações, estará gravando em sua mente informações que não se apagarão jamais. Não precisa ficar se policiando ou mentalizando o que deseja a todo momento; depois de gravado, está gravado e pronto.

A MENTE GRAVA POR REPETIÇÃO

É como andar de bicicleta! Quando criança, depois de repetir várias vezes o mesmo movimento e tentar se equilibrar, ela pode cair, mas, se continuar tentando mais algumas vezes, sairá pedalando sem medo. Pode ter certeza, se ficar 30 anos sem subir em uma bicicleta e um dia resolver dar uma voltinha, sairá pedalando como se fosse criança novamente.

A Saúde

Nosso organismo é vivo e dinâmico, como tudo no Universo. Nosso corpo trabalha incansavelmente para nos manter em harmonia; qualquer desequilíbrio é suficiente para desencadear uma doença futura. Um simples corte é motivo para o cérebro involuntariamente enviar milhões de anticorpos para o local afetado em questão de segundos, como se fossem um exército.

Em poucas horas o sangue coagula, a ferida se fecha e em poucos dias cicatriza e desaparece. O corpo humano é dotado de uma autodefesa fenomenal.

Fortalecer o sistema imunológico diariamente por meio de pensamentos positivos é uma das melhores prevenções que existem, não dói e não custa nada. Alimente seu sistema imunológico e ajude seu corpo a se defender por meio de pensamentos e palavras positivas no seu dia-a-dia. Pode parecer difícil no começo, mas depois se torna um hábito. Sua mente já estará sugestionada a se manifestar dessa forma e a se manter saudável.

Há exemplos simples de como fazer isso. Mentalize sempre:

— ***Eu sou forte, tenho uma saúde perfeita, sinto-me bem, sinto-me disposto.***

Sua mente se tornará uma emissora de ondas de bem-estar. Lembre-se de que sua mente grava por repetição. Todas as células do seu corpo receberão essa mensagem instantaneamente e responderão automaticamente a esse estímulo. Seu corpo começará a reagir beneficamente, combatendo qualquer mal-estar e reequilibrando sua saúde. Seu semblante mudará, seu olhar brilhará e o bem-estar tomará conta do seu corpo.

O sofrimento, a culpa, os traumas, o *estresse*, a baixa auto-estima, as frustrações, as ansiedades e o ressentimento cada vez mais fazem parte do nosso dia-a-dia e são elementos que enfraquecem significativamente o nosso sistema imunológico. Nosso poder de proteção contra as doenças fica deficiente. Seu estado natural é aquele que vibra positivamente, um estado de excelência.

Quando a mente está alinhada, o corpo transparece toda sua vitalidade, força e luz, você se torna uma pessoa ***atraente***, mas não necessariamente bela. Isso é ser saudável. O estado natural da mente é quando se está bem. Estar bem é estar em sintonia com o corpo e a mente. Essa sintonia é vital para se ter uma vida saudável. Seu corpo reage automaticamente ao seu pensamento. Se estiver bem e feliz, seu corpo corresponderá com vitalidade. Se estiver depressivo, estressado, seu corpo se tornará doente e deficiente.

Claro que a boa alimentação e os exercícios físicos são essenciais para manter seu corpo saudável, mas é preciso ter a mente equilibrada para entrar em harmonia perfeita.

"Mente sã, corpo são."

Imagem Corporal

Imagem corporal nada mais é do que a auto-imagem que temos do nosso corpo e tudo que se relaciona a ele.

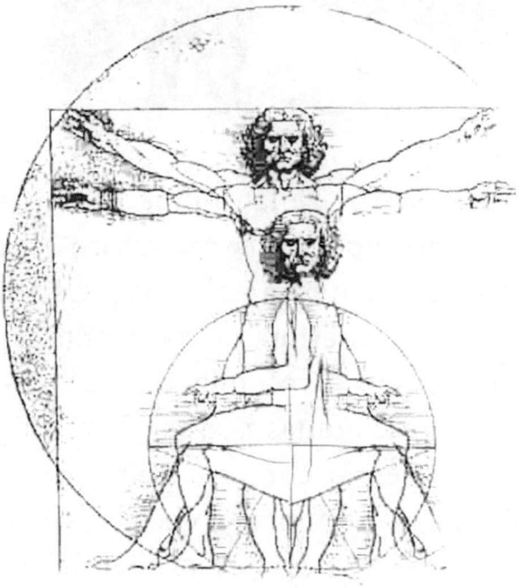

É a maneira pela qual o corpo se apresenta para si próprio.

Atualmente, existem técnicas de emagrecimento inovadoras e eficazes, totalmente voltadas para a reestruturação da Imagem Corporal. Se você se imagina gordo e se vê gordo, será gordo e dificilmente conseguirá mudar essa condição. Se não modificar o formato da sua auto-imagem, poderá até emagrecer com dietas, mas seu corpo, obediente como é, em pouco tempo atenderá aos comandos de sua mente, retomando a sua antiga forma, pré-estabelecida e gravada anteriormente, e você voltará a engordar em pouco tempo.

Não adianta, vai tentar e lutar contra você mesmo! Se você está gordo, mas consegue imaginar-se magro e esbelto, com certeza terá mais facilidade para emagrecer. Os resultados virão e serão mantidos sem esforço e sofrimento de sua parte, porque sua mente conseguiu reconfigurar sua auto-imagem.

Ao mesmo tempo, muitas pessoas estão sofrendo com doenças difíceis de serem curadas, pois apresentam uma distorção da sua imagem corporal, como é o caso da anorexia. Mesmo estando muito magras, suas mentes deturpam a imagem diante do espelho, enxergando-se gordas e entram em dietas alimentares radicais. Muitas não conseguem se recompor mentalmente e acabam morrendo. Esse é um exemplo radical de distorção da imagem corporal.

É muito fácil viciar um
pensamento e entrar
em uma espiral de autodestruição.
Estar alerta é sempre
o melhor caminho.

Exercício de auto-imagem corporal

Imagine-se diante de um espelho.

Analise sua imagem e descreva-a em uma folha. Cite o máximo de características que conseguir visualizar de si mesmo.

Exemplos: magro demais, baixinho, feio, desengonçado, sensual, bonito, atraente, deselegante, fraco, forte, alto demais, gordo, etc. Seja verdadeiro, só você saberá disso.

Leia o que descreveu.

Você está feliz com a imagem que vê?

Se está, ótimo! Parabéns, continue assim, está bem alinhado, não se preocupe.

Se não ficou feliz com o que leu, se você se acha feio(a), gordo(a), sem brilho, todas as outras pessoas o enxergarão dessa forma, essa é a freqüência de pensamento que está emitindo e vibrando, essa é a imagem que está oferecendo para as pessoas. Mas não desanime, você pode mudar isso. Precisa mudar sua auto-imagem e seu padrão de pensamento. As coisas que lhe incomodam são seus pontos negativos, elimine-os. Estabeleça uma harmonia entre o que é e o que realmente deseja ser. Faça o exercício novamente e dessa vez visualize sua auto-imagem eliminando tudo que lhe incomoda.

Agora descreva aqui todas as qualidades e atributos que gostaria de ter:

___

___

___

___

___

___

___

___

___

___

Os Relacionamentos

Como aprendemos até agora, tudo é uma questão de atração. Nos relacionamentos não seria diferente. Acontecimentos comuns do nosso dia-a-dia desencadeiam milhares de outras situações que, ao olharmos para trás e analisarmos por esse novo prisma, entenderemos que todas as pessoas que nos rodeiam, de alguma maneira, nos atraíram a elas ou elas foram atraídas por nós. São milhares as formas que o Universo proporciona para que os encontros entre as pessoas aconteçam.

Veja um exemplo bem comum, que todos nós já passamos:

Você tem uma festa para ir e antes mesmo de se arrumar fica imaginando que será mais uma daquelas festas cheias de pessoas chatas, feias e inconvenientes, que você não irá se divertir e tudo dará errado. Certamente, antes de sair de casa, já estará derrotado e será uma das piores noites de sua vida.

É isso que está oferecendo, então será isso que atrairá. Mesmo se a festa estiver maravilhosa, para você estará insuportável. Mesmo se as pessoas forem na maioria ,inteligentes e bonitas, somente as chatas, feias e inconvenientes estarão ao seu lado, porque você criou essa situação antes de sair de casa. E por fim, aquela festa que todos comentarão mais tarde como uma das melhores dos últimos tempos, para você terá sido um pesadelo que você mesmo criou!

Conhecendo a Lei da Atração você poderia prever e minimizar seus problemas, simplesmente compreendendo que não era um bom dia para sair. Por outro lado, se estivesse de bom humor, alegre, descontraído e confiante nessa festa, seu estado de espírito estaria elevado e o positivo estaria em evidência. Todos sentiriam sua presença e automaticamente se sentiriam bem ao seu lado. Assim você se tornaria uma pessoa ***atraente***, que todos gostariam de ter por perto, até aquela pessoa que nunca o notou poderia facilmente ser atraída e conquistada. Sua noite seria inesquecível.

A magia dos encontros

Veja essa passagem engraçada e interessante que um conhecido contou:

...e aquele belo dia de sol foi interrompido por uma chuva repentina que me pegou de surpresa. Estava voltando do trabalho, andando tranqüilamente pela calçada até que... Plaft!!

Um escorregão numa poça de água me levou ao chão. Todos que estavam a minha volta pararam e ficaram olhando a cena. Que vergonha! Todo molhado e desajeitado, comecei a levantar e de repente um homem de cabelos grisalhos segurou meus braços e disse:

– Machucou-se? Deixe-me ajudá-lo!

Quando fixei meus olhos naquele homem, percebi algo intrigante, mas não entendi. Nesse instante, lembrei-me daquele rosto tão familiar.

Sim, era ele! O Eduardo!

Estudamos juntos no primário, sentávamos juntos na escola, éramos da mesma classe. Há pelo menos 15 anos não nos víamos. Conversamos um pouco e antes de nos despedirmos ele me fez um convite:

– Gostaria de ir ao aniversário de um ano do meu filho no próximo sábado?

Poderia ter ignorado, mas ele fez o convite com tanto carinho que não pude dizer não. Afinal, não tinha nada para fazer mesmo. Acabei indo até a festa e nunca mais o vi. No entanto, depois de muitos anos, pude perceber que realmente nada é por acaso. Percebi que aquele foi o instante exato da conexão, um sinal, um ato de perfeição da Lei da Atração. Se não fosse aquele escorregão, não teria reencontrado o amigo que há tanto tempo não via. Ele não teria feito aquele convite e eu nunca teria ido àquela festa. A festa que mudou minha vida. Foi onde conheci aquela linda moça que estava sentada no jardim, rodeada de crianças, em meio a tanta confusão. Não teria, portanto, me apaixonado e depois me casado. Não teríamos os nossos dois lindos filhos e nossa linda casa com aquele jardim imenso, piscina e churrasqueira, que eu há tanto tempo vinha sonhando em ter.

Os verdadeiros sinais são bem sutis,
quase imperceptíveis.
Não adianta sair procurando,
eles surgirão à sua frente.

OS SINAIS

Possuímos o dom da intuição. Algumas pessoas têm mais e outras menos controle sobre ela, mas todos a possuem. O sinal é o momento exato em que a Lei da Atração aciona nossa mente para dizer "Isso pode acontecer, preste atenção, olha o que está atraindo".

Poderá evitar muitas situações indesejáveis, como também poderá enxergar oportunidades excepcionais em sua vida se estiver realmente atento.

Você deve estar pensando:

– Quantos dissabores poderia ter evitado em minha vida?

O passado não podemos mudar, mas o nosso futuro sim!

A Lei da Atração não lhe faz
olhar para o passado,
e sim focar o futuro.

Descreva agora a pessoa dos seus sonhos, a pessoa que deseja amar um dia, que realmente quer atrair para sua vida, construir um sonho e alcançar a verdadeira felicidade.

Mentalize o positivo:

"Eu quero"
Eu quero uma pessoa companheira e dedicada.
Eu quero uma pessoa simpática e inteligente.
Eu quero uma pessoa bonita e jovial, etc.

Não mentalize: ***"Eu não quero",***
Eu não quero uma pessoa egoísta.
Eu não quero uma pessoa feia, desajeitada.
Eu não quero uma pessoa fútil e vazia.

Mesmo não querendo, é isso que irá atrair, pois é isso que está vibrando, o negativo.

Agora, na página seguinte, faça uma lista das qualidades e características, tipo físico, personalidade, descreva com riqueza de detalhes, coloque toda a sua emoção e sentimento, dê vida a essa pessoa tão especial que você deseja encontrar e ter em sua vida. Deseje com o coração, imagine como seria o encontro, o prazer de estar ao lado dessa pessoa, as sensações de tocá-la, beijá-la. Projete o seu futuro ao lado dela, materialize essa felicidade, assim dará vida e forma a esse desejo e depois deixe para o Universo, ele cumprirá com a sua parte.

Descreva a pessoa de seus sonhos ou simplesmente escreva o seu nome.

Os dias de hoje

Com a velocidade das informações, a disponibilidade latente dos conhecimentos e a facilidade de as pessoas se conhecerem e se relacionarem pelo mundo, será cada vez mais necessário que se tenha uma ferramenta, uma espécie de bússola para nos orientar, algo que nos ajude dentro desse mar de informações e possibilidades que surgirão daqui para frente. Estamos cada vez mais vulneráveis ao erro, às frustrações e à competição desenfreada, dentro de um turbilhão de possibilidades. Somos forçados em cada momento a tomar muitas decisões e a fazer milhares de escolhas em cada situação. Ter atenção e compreender a Lei da Atração será fundamental. Compreender que é uma força que existe, que nos cerca e faz com que pessoas semelhantes se atraiam entre si será essencial para nossas vidas.

Seria impossível imaginarmos que um dia chegaríamos a tal ponto de milhares de pessoas de todas as partes do mundo se relacionarem e se atraírem entre si pelas suas semelhanças e afinidades por meio de uma rede mundial de comunicação. Há vinte anos seria impossível imaginarmos, por exemplo, um australiano conhecer uma belga e depois de dois anos se casarem, terem filhos e se mudarem para a Patagônia Argentina, simplesmente pelo fato de terem se conhecido por meio de uma comunidade na Internet, criada por um chileno fundador de uma ONG, cujo objetivo era proteger as baleias *minke* da matança desenfreada feita pelos japoneses na Antártica.

Cores e Aromas

Na Natureza, a atração está totalmente presente. É essencial para manter a vida. A todo instante, ocorrem várias formas de atração sobre os seres vivos, manifestando-se neles por meio de uma ferramenta eficaz de percepção, os sentidos: a visão, a audição, o olfato, o paladar e o tato. Contudo, o mais importante, ainda é o olfato, sem ele o mundo animal não seria capaz de estabelecer uma cadeia alimentar e o mundo vegetal não seria capaz de se relacionar com os outros seres vivos do planeta, tampouco se reproduzir e manter o equilíbrio necessário para harmonizar o meio ambiente.

Alguns animais exalam aromas específicos para atrair seu parceiro, outros utilizam para atrair a sua presa e alguns até para rastreá-la, como é o caso do tubarão que sente o cheiro de uma pequena quantidade de sangue no oceano a centenas de metros de distância. Esse cheiro o atrai e o leva até a sua presa. A maioria dos répteis tem o olfato muito apurado, sendo um dos seus sentidos principais, primordiais para sua sobrevivência na mata, pois com uma visão e uma audição deficientes, não conseguiriam perceber a sua caça ou sentir a presença de um possível predador ao seu redor. É o caso da cobra, do lagarto e muitos outros. Da mesma forma, isso se repete com muitas outras espécies que continuam mantendo a cadeia alimentar e o ciclo de vida na Terra na mais perfeita harmonia. Outros animais se utilizam ainda dessa ferramenta como uma defesa, marcando o seu território e fazendo assim com que outros animais percebam esse aroma e não se aproximem ou invadam seu hábitat.

Os animais de estimação, como o cachorro, utilizam o olfato para identificar seus semelhantes ou futuros parceiros.

No mundo vegetal, algumas plantas fabricam aromas extremamente distintos, atraindo pássaros e insetos para que estes trabalhem a seu favor, involuntariamente, transportando seu pólen e restabelecendo a reprodução e a multiplicação das espécies vegetais para lugares mais distantes.

As abelhas são atraídas pelo aroma inconfundível das flores da laranjeira e do eucalipto. Uma abelha visita pelo menos dez flores por minuto em busca do pólen e do néctar fazendo, em média, 40 vôos diários. Tocando em 40 mil flores, as abelhas recolhem o néctar do fundo de cada flor e guardam-no em uma bolsa localizada na garganta. Depois voltam à colmeia e esse néctar vai passando de abelha em abelha. Desse modo, a água que ele contém se evapora, condensa e, assim, cria-se o mel.

Não seria possível imaginar a vida em nosso planeta se não existissem os aromas na natureza.

Da mesma forma acontece com as cores.

O homem moderno civilizou-se e, com o passar do tempo, tornou-se um ser essencialmente visual, bombardeado constantemente por uma gama enorme de imagens e cores a maior parte do seu tempo: nas ruas, por meio dos jornais, livros e revistas, nas vitrines das lojas, nos *outdoors*, pela televisão, no computador, etc. Conseqüentemente, essas milhares de informações são automaticamente codificadas e enviadas ao nosso cérebro. Agem sobre nós e nos transformam de alguma maneira quando se apresentam. Toda cor possui uma freqüência específica. Portanto, se possuem uma freqüência, trazem consigo uma vibração própria. Algumas cores estão mais presentes em nosso dia-a-dia que outras. Algumas estão tão presentes que já fazem parte de nossa vida e, às vezes, nem nos damos conta disso. O modo que nos vestimos, os acessórios que utilizamos, a cor do nosso carro, as paredes, os objetos de decoração da nossa casa, as jóias, os sapatos, etc. Tudo ao nosso redor contém cor. A cor só existe porque existe a luz, caso contrário viveríamos em um mundo sem cor, em uma total escuridão.

Prestar atenção e identificar as cores com as quais estamos habituados e estão ao nosso redor é uma forma de compreender o que estamos sentindo e vibrando.

As principais cores do espectro são: amarelo, azul, anil, violeta, vermelho, laranja, verde, dourado e rosa.

Identifique a seguir as cores que estão mais presentes em sua vida e verifique se há alguma correlação entre o que elas representam e o que elas estão transmitindo para você.

Consulte esse estudo a seguir sempre que achar necessário se equilibrar, harmonizar-se e atrair boas vibrações para melhorar o seu dia-a-dia.

Estudo das Cores

Para se beneficiar das vibrações das cores, utilize-as positivamente, ou seja, com moderação.

Se utilizá-las em excesso, suas vibrações começarão a agir negativamente. A harmonia nas cores é a melhor opção.

Amarelo

É a cor do otimismo e da alegria. É uma cor clara e ao mesmo tempo quente. Estimulante para a mente e para os pensamentos criativos. Usando o amarelo você tem a possibilidade de adquirir maior autocontrole e harmonia em suas ações. Inspiradora e criativa, é também a cor das boas amizades, da admiração e da popularidade.

Quem usar o amarelo estará freqüentemente cercado de amigos e pessoas com pensamentos irradiantes.

O que atrai: bons amigos, bons relacionamentos, prazer, lazer, pessoas alegres, novas possibilidades e oportunidades.

Positivo: alegria, otimismo, sensibilidade artística.

Negativo: imaturidade, falar demais, melindre.

Azul

Azul é uma cor pacífica e relaxante. Transmite a serenidade e a paciência. Traz consigo a paz de espírito.

Usando mais o azul no seu dia-a-dia, você se tornará uma pessoa mais calma e com atitudes soberanas perante a vida, terá força e se tornará uma pessoa autêntica. É a cor do céu e simboliza a vida e a verdade.

O que atrai: pessoas calmas e serenas, bons fluidos e paz para o espírito. Pessoas íntegras e confiáveis.

Positivo: mudanças, movimento, liberdade.

Negativo: exagerado, libertino, indisciplinado.

Anil (Azul Índigo)

Anil ou Índigo é a cor da coragem. Alivia os temores e as frustrações e acalma a alma. Ao usar o anil, estará transmitindo uma mensagem de justiça, de vontade de servir a humanidade, e a verdade de alguma forma. É a cor que transmite a vontade de mudar. Ao usar o anil, estará querendo transmitir suas idéias e seus ideais. Estará, portanto, à procura de pessoas que lhe acompanhem nessa nova jornada.

O que atrai: pessoas idealistas, com um lado artístico elevado, pessoas compreensivas e atentas, legítimas e leais.

Positivo: amigo, família, conselheiro.

Negativo: ciumento, possessivo, mandão.

Violeta

Violeta é a cor da purificação, da pureza na sua forma mais abrangente. É a cor da espiritualidade e da Nova Era. Com o violeta mais presente estará mergulhando para dentro de si mesmo. É a cor do autoconhecimento e da consciência superior.

Para o corpo, é remédio contra a tensão nervosa, estresse e nervos contraídos.

O que atrai: força espiritual, energias positivas e elevadas, bons sonhos. Pessoas mais espiritualizadas podem começar a surgir com mais freqüência em seu caminho e lhe mostrar novas oportunidades e novas maneiras de encarar a vida.

Positivo: espiritualidade, sensibilidade, intuição, qualidade.

Negativo: depressão, pessimismo, tristeza.

Vermelho

Vermelho é a cor do estímulo e da paixão. É a cor mais atraente do espectro; da mesma forma que atrai com muita facilidade, em excesso pode repelir. É também a cor que simboliza o perigo, alerta para algo que está acontecendo de errado e não conseguimos perceber por meio dos nossos outros sentidos. Não é por acaso que o sangue é vermelho, ele nos avisa que nosso corpo está em perigo eminente. Como também o sinal vermelho do semáforo de trânsito, que significa: *PARE,* perigo.

Também não é por acaso que as mais famosas marcas de cigarro, refrigerante e *fastfood* do mundo utilizam o vermelho como a cor mais evidente nas embalagens de seus produtos. Não precisamos nem descrevê-las, certamente você já deve saber quais são.

Será que isso é uma mera coincidência? Eles utilizam o vermelho porque acreditam ser somente uma cor esteticamente bonita?

Não, usam o vermelho porque sabem que é a cor que torna seus produtos muito mais atraentes perante os olhos dos consumidores, nas prateleiras e nas vitrines das lojas e supermercados.

É a cor que estimula e exalta a vontade de consumir.

O que atrai: o amor e a paixão. Traz consigo o poder da sedução. Atrai o dinheiro, aumenta as vendas e cria oportunidades, mas em excesso repele, causa ansiedade, nervosismo e impaciência.

Para a saúde, é a cor mais indicada para revitalizar, estimular o físico e a disposição.

Positivo: determinação, garra, posicionamento, força.

Negativo: ansiedade, irritação, individualismo.

VERDE

O verde é a cor da Natureza. É um tônico natural capaz de relaxar o organismo como um todo. É a cor da esperança e da certeza. Usando o verde estará vibrando a convicção, mostrando-se uma pessoa capaz. Será percebido pelos outros como uma pessoa interessante e com potencial, ciente de onde quer chegar.

O que atrai: pensamentos positivos e convictos, pessoas ativas e prontas para compartilhar o sucesso com você. Atrai a prosperidade e novas possibilidades.

Positivo: regenerador, organizado, estruturação.

Negativo: metódico, crítico e chato.

PRETO

Preto é a ausência de cor, fisicamente falando. É a cor da proteção, da defesa. Estará protegendo-se de algo ou de alguém quando estiver usando a cor preta. Se estiver se sentindo fraco ou vulnerável, não hesite em usar o preto; não atrairá nada de negativo, não há problema, a não ser que use com exagero e extrema abundância.

Se por exemplo tiver de ir a uma reunião muito importante e, durante essa reunião, por algum motivo, precisar se mostrar uma pessoa firme e íntegra e sentir necessidade de estar protegido interiormente, use o preto.

Os executivos, advogados, chefes de estado, promotores e juízes têm o preto muito presente em suas vidas.

O que atrai: proteção, autodefesa e maior segurança em suas ações.

Positivo: segurança, absorve a negatividade, transmite integralidade.

Negativo: depressão, prepotência e tristeza.

BRANCO

O branco é a cor da liberdade e da cura. Não dá para imaginar um médico cirurgião em uma sala de operação vestindo um avental preto. É a cor do conhecimento e da transparência.

Usar o branco significa estar em paz consigo mesmo, estar aberto e disponível.

O que atrai: é uma cor neutra. A cor da disponibilidade, estará aberta para qualquer vibração.

Positivo; pureza, sinceridade e verdade.

Negativo: pode usar à vontade, o branco não vibra negativamente em excesso.

LARANJA

Laranja é a cor da saúde física e mental. Vitaliza e revigora as emoções. Produz uma sensação de bem-estar. Se deseja ter um ambiente confortável e tranqüilo em sua casa, mas ao mesmo tempo um local que transmita uma sensação de bem-estar e revigore as suas emoções enquanto descansa e das pessoas que ali possam entrar, então pinte uma das paredes ou algum detalhe mais aparente com a cor laranja. Evitar o exagero é a melhor opção para não se tornar uma cor excessivamente vibrante.

O que atrai: transmite uma sensação de conforto para o corpo e para a alma, vitaliza e tranqüiliza. Agrada e por isso também acaba atraindo pessoas emotivamente equilibradas.

Positivo: parceria, companheirismo, flexibilidade.

Negativo: apatia, impaciência, inflexibilidade.

Dourado

O ouro é a cor da luz, da iluminação, da alegria e do entusiasmo. A felicidade emana do dourado. O ouro mistura a energia impulsionadora com a sabedoria dos tempos. Ao usar o dourado, estará vibrando a sabedoria, a compreensão e uma profunda sensibilidade em relação a seu semelhante. É a cor da soberania, a cor do Sol.

O ouro representa a vontade de viver e o desejo que todos compartilhem dessa experiência.

O que atrai: o ouro é estimado, pois sua alegria de viver conquista a admiração de todos que o cercam. Irradia o entusiasmo e alegra os corações dos desconfortados. Atrai muita riqueza e, por conseqüência, a admiração.

Positivo: sabedoria, espiritualidade, ascensão.

Negativo: intolerância, prepotência, falta de modéstia.

Para Onde Vamos?

O Homem carrega consigo uma herança que recebeu de seus ancestrais, o instinto mais primitivo presente em cada um de nós, o desejo de descobrir o desconhecido. Não temos como escapar disso, faz parte da nossa vida, está em nosso DNA. Perseguir o desconhecido é uma forma de sobrevivência, é o nosso elo com o Universo, é o que nos atrai e nos faz seguir adiante, é o que alimenta nossas esperanças.

O *homo sapiens* descobriu o fogo para iluminar a escuridão, os polinésios inventaram a canoa para desbravar os oceanos, os chineses inventaram as primeiras embarcações e os portugueses as aprimoraram para conquistar os Sete Mares. Santos Dumont, com o desejo de fazer o que nunca nenhum homem havia feito antes, inventou o avião e conquistou o céu. Não satisfeito, o homem criou as naves espaciais e rompeu a última fronteira conhecida, chegando ao espaço. Até onde iremos?

Nosso destino é realmente o infinito.

Intenções e Emoções

As intenções e as emoções são as peças-chave da Lei da Atração.

A intenção é a causa, é o destino, é o que nos motiva a seguir adiante. É a linha de chegada, o objetivo maior.

Descobrir a verdadeira intenção é estar em total sincronismo com suas emoções.

A emoção é a representação fiel dos seus sentimentos. A lágrima é um ótimo exemplo dessa manifestação. Ao derramar uma lágrima, um turbilhão de emoções acumuladas vem à tona. Ela pode estar carregada de tristeza, agonia, raiva, ou repleta de orgulho, paixão, amor e alegria. Não importa, quando o sentimento é verdadeiro, ele brota de dentro de você com força total, não consegue conter-se frente a tanta emoção.

Essa emoção é sentimento puro e verdadeiro.
E sentimento é vibração.

Essa vibração pode contagiar todos ao seu redor. Dependendo da intensidade dessa freqüência, essas pessoas por um instante se conectam a você e podem se esvair em lágrimas emocionadas sem nenhum motivo particular aparente, pelo simples fato de estarem ligadas a você naquele momento.

Podemos concluir que a emoção de um sentimento é o que realmente alavanca um pensamento, potencializando-o e, finalmente, transformando-o em vibração e energia.

Isso é o que dá corpo e forma a um pensamento. Quanto mais forte for esse sentimento, maior será a freqüência dessa vibração e, conseqüentemente, maior será seu raio de ação e sua abrangência.

Enfim, não adianta somente querer por querer. Criar desejos a esmo em sua mente e esperar que sejam atendidos e venham até você com facilidade é um equívoco.

Imagine se todos os habitantes de uma grande cidade desejassem, ao mesmo tempo, ter um carro, e seus pedidos fossem prontamente atendidos. Seria um verdadeiro caos.

Todos têm o poder de desejar, de querer, de acreditar. Todos podem ter tudo o que quiserem, pois está à disposição, mas nem todos têm o mesmo poder de potencializar esses desejos com verdadeiras intenções.

Esta é a base dos ensinamentos da Lei da Atração:

"Não basta querer, tem de vir do fundo do seu coração".

Essa é a força motriz que impulsionará a sua mente a transformar esse pensamento em um desejo real e com verdadeira potência vibracional. Caso contrário, seus desejos não significarão nada para o Universo e certamente nunca serão atendidos.

Porque não existe uma causa concreta, uma intenção verdadeira. Esse desejo não é intenso e forte o suficiente para seguir rumo a uma realização.

A sua intenção é quem comanda, e se essa intenção é sua, então você é quem está no comando. A intenção é o foco, o elemento principal dessa jornada.

É como o Rei no tabuleiro do jogo de xadrez; se perdê-lo no meio do jogo, é xeque-mate. O jogo passa a não ter mais sentido, não existe mais motivo para ser jogado, pois é a peça principal.

Vamos tentar ilustrar tudo isso de outra maneira:

Imagine um barco a vela navegando em alto-mar, e você é o capitão dessa embarcação.

O capitão tem um destino, um objetivo e sabe exatamente aonde quer chegar. Essa é a sua verdadeira intenção.

O capitão nesse caso é a sua mente. É ela que sabe exatamente aonde deve levar o barco (o seu corpo físico). O leme é seu pensamento e os instrumentos de navegação são seus sentidos de percepção, que lhe mostram o melhor caminho e os obstáculos que pode encontrar pela frente. As velas do barco, por sua vez, representam os sentimentos, as emoções. São elas que absorvem e potencializam as forças externas que brotam da Natureza (o vento) e levam o barco adiante.

Se não existisse o vento (a força do Universo) agindo sobre essa embarcação, nada seria possível, nada aconteceria, tudo estaria estático e sem movimento.

Ou seja, tudo se interliga, nenhum desses elementos sozinhos ou isolados teria significado se eles não interagissem entre si em total sincronismo.

A embarcação sozinha ficaria à deriva, sem um capitão para guiá-la até o seu destino. Da mesma forma, o capitão sem uma embarcação não sairia sequer do chão. E, por sua vez, mesmo tendo a embarcação, os mapas, os instrumentos de navegação, o leme em perfeitas condições, o objetivo traçado e as velas prontas e ateadas, de nada adiantaria se a Natureza não entrasse em ação e colocasse o vento à disposição.

Este é um exemplo que podemos usar como ilustração para nossas vidas:

Capitão - Mente
Embarcação - Corpo Físico
Leme - Pensamentos
Vela - Sentimentos e Emoções
Destino - Intenção
Vento - Força do Universo

É só isso que o Universo espera de você:
Uma decisão para poder entrar em ação.

Com as suas verdadeiras intenções enfatizadas, seus desejos se tornam mais claros para o Universo, sua freqüência flui com facilidade e se torna mais límpida e mais refinada.

Vejamos dois exemplos práticos e meramente subjetivos a seguir. Apenas para ilustrar uma situação. Dois pontos de vista, duas intenções sobre o mesmo desejo de um estudante que se prepara para prestar o vestibular de Medicina:

Pessoa 1 –

"Quero cursar a faculdade de medicina para ter um diploma de doutor e assim ganhar muito dinheiro".

Pessoa 2 –

"Quero cursar a faculdade de Medicina para ter um diploma de doutor e ser um médico respeitável; quero ser um agente da saúde, ajudar meus pacientes e a quem necessitar de meus conhecimentos. Quero ajudar a melhorar a qualidade de vida das pessoas de alguma forma e, conseqüentemente, melhorar a vida de seus familiares e das pessoas que os cercam.

Quero assim construir uma carreira de sucesso, constituir uma família, ter filhos, vê-los estudando, formando-se e realizando-se.

Quero ver a minha família prosperar e perceber que um dia o dinheiro para mim nunca será um problema, pois meu trabalho será digno e ele nunca me faltará".

Essa é só uma exemplificação de como podemos potencializar um desejo e transformá-lo em perfeita vibração, agregando a ele emoção, sentimento e, principalmente, uma intenção.

A intenção também pode ser coletiva.

Se, por exemplo, um técnico de um time de futebol tem em sua mente a intenção de que os jogadores de sua equipe sejam vencedores, é necessário que todos tenham o mesmo objetivo, a mesma intenção. Eles têm de criar uma freqüência única, do contrário, se cada membro dessa equipe tiver uma intenção estritamente particular, essa vibração passa a ter uma freqüência sem sintonia com o todo, torna-se factível às interferências externas como se fosse um rádio fora de estação.

Relembrar é sempre importante:

O que você pensa, você sente.
O que você sente, você vibra.
O que você vibra, você atrai.
Somos seres vibracionais
que interagem no Universo.

Não tenha dúvida, o vento de que você necessita para levar-lhe adiante na melhor direção sempre aparece. Pode demorar um pouco, mas quando estiver realmente preparado, ele surgirá com força total e o levantará. Perceberá nesse instante a força do Universo agindo em você e a seu favor. Nesse momento, não conseguirá mais conter essa extraordinária força que o lançará rumo a sua realização.

Nesse exato momento, você pode estar pensando:

— *Estar preso aos poderes da mente é perigoso! Isso é ausência de liberdade, posso me tornar escravo dela!*

Não se preocupe, comandar a sua mente é comandar a si mesmo. É a forma mais eficiente de se alcançar a liberdade. Ter o poder da escolha é ter o controle e o livre-arbítrio em suas mãos.

O Universo não lhe presentearia com o livre-arbítrio sem que trouxesse consigo a coragem e a certeza de acreditar e de ter fé.

Comandar a sua mente é confiar e acreditar em si. Se não acreditar em você mesmo, nenhuma outra pessoa o fará.

Quebrando os paradigmas

Quebrar paradigmas significa conseguir enxergar por um outro ângulo as mais diversas situações e, por meio disso, criar rupturas dos pensamentos que estão solidificados em sua mente. Significa criar novas possibilidades e transformar suas ações.

Estamos acostumados a pensar sempre da mesma forma; nossa mente se acostuma a uma rotina e se torna resistente a qualquer mudança que venhamos a fazer.

Não significa revolucionar a sua vida de uma hora para outra. Imagine se todos resolvessem, de repente, virar a mesa e mudar tudo em suas vidas?

Não precisa mudar a sua vida radicalmente. Só tente enxergá-la por um novo prisma.

Quebrar paradigmas, às vezes, é muito simples.

Veja este curioso exemplo o qual não sabemos se é realmente uma história verídica, mas serve como um bom modelo de quebra de paradigma.

Durante os anos de 1970, os astronautas americanos tinham um problema. Durante as viagens que faziam ao espaço, eles não conseguiam escrever seus relatórios e fazer as anotações essenciais para a correta navegação dentro da espaçonave, pois, como todos sabem, no espaço, além do vácuo, não existe a força gravitacional e, sem a ação dessa força sobre os objetos, tornava-se muito difícil utilizar as canetas fornecidas pelos técnicos da agência espacial. A carga da caneta ficava estática e, em qualquer posição que os astronautas a colocassem, a tinta não saía da ponta da caneta por ela estar sem peso.

Com esse problema eminente, todos os técnicos da agência espacial se reuniram e se dedicaram durante meses a esse novo projeto: desenvolver uma caneta especial capaz de funcionar sem a ação da gravidade. Milhares de dólares foram gastos e muitos experimentos foram testados, mas nenhum foi suficientemente eficaz e satisfatório. Perto de um novo lançamento, o responsável pelo projeto, esgotado e desanimado perante a sua equipe, sentou-se em sua mesa de reuniões e disse:

— Pessoal, acho que não conseguimos chegar a uma solução para o problema. Não conseguimos desenvolver a caneta para nossos astronautas. O lançamento do foguete está previsto para daqui a três dias; estou frustrado e nervoso. Preciso de um copo de água, por favor.

A copeira imediatamente correu e prontamente atendeu seu pedido. Colocou o copo de água, em cima da mesa e indagou:

— Mas, senhor! Não pude deixar de escutar o que o senhor estava dizendo a todos. Posso dar a minha opinião? Por que eles não usam lápis?

Todos ficaram perplexos e, sem reação alguma, foram saindo da sala.

Vamos fazer uma pequena experiência, meramente demonstrativa, para compreendermos melhor como podemos quebrar um paradigma:

Recorte um pedaço de papel branco do tamanho 22 x 2 centímetros como se fosse uma tira comprida.

Em um dos lados, desenhe a sua vida.

A maioria das pessoas imagina a sua vida em relação ao tempo e espaço da seguinte forma:

Nascimento
Infância - Juventude
Vida adulta e Morte.

Portanto, em um lado do papel desenhe desta forma:

NASCIMENTO INFÂNCIA - JUVENTUDE - VIDA ADULTA MORTE

LINHA DO TEMPO

Tudo em uma linha reta com um começo e um fim. É assim que a maioria de nós desenharia nossa vida em relação ao tempo. Início, meio e fim.

Que tristeza se fosse realmente assim!!!

Mas a vida também tem um outro lado que existe, mas o qual não conseguimos enxergar.

Do outro lado, está a nossa vida espiritual, Deus e a eternidade, nossas crenças e o desconhecido.

Portanto, do outro lado da tira de papel desenhe esses elementos:

DEUS - ESPIRITUALIDADE - ETERNIDADE

Imagine que essa pequena tira de papel seja a sua vida e, para alcançar a plenitude desta vida, você precise percorrer os dois lados desse papel e passar através dele com uma linha contínua e ininterrupta. O objetivo é criar uma linha infinita e eterna, mas é preciso percorrer os dois lados dessa linha imaginária. Importante: é proibido pegar um atalho e passar pelo fio do papel.

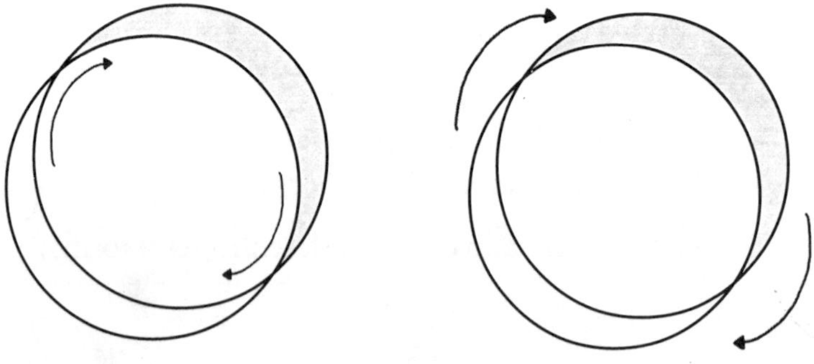

Se com a tira de papel fechar um círculo, poderá perceber que a linha da sua vida não é mais retilínea, e continuará vivendo em círculos. Tanto por dentro quanto por fora estará percorrendo em círculos, e ambos os lados continuarão vivendo isoladamente, sem se relacionarem um com o outro. Os dois lados continuarão ocupando o mesmo lugar no espaço. No entanto, permanecerão divididos pelo fio desse papel, o qual, lembre-se, não se deve passar. Dessa maneira, os dois lados viverão para sempre juntos, mas nunca se encontrarão.

O enigma é: como fazer com que esses dois lados se encontrem e se conectem de um modo que sua vida se transforme em algo eterno e infinito?

Comece a pensar e tente quebrar esse paradigma. Não é tão difícil assim!!!

A resposta está na próxima página.

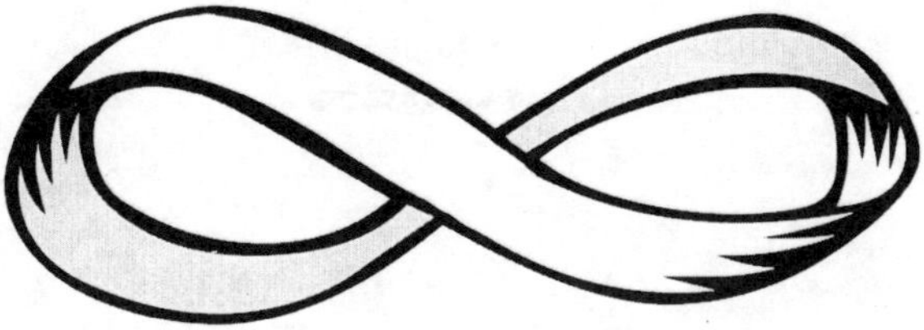

Com uma simples torção, colam-se as extremidades e assim cria-se uma forma infinita de inter-relação entre os dois lados, o espaço e o tempo. Se percorrer com uma linha imaginária a partir de agora desde o nascimento, perceberá que sua vida não tem mais fim, nascerá e morrerá a todo instante e, ao mesmo tempo, estará convivendo com Deus, terá a eternidade e a espiritualidade em constante permanência.

Essa é só uma brincadeira, porém quebrar um paradigma pode muitas vezes mudar a sua vida.

Comece a praticar isso em seu dia-a-dia, certamente se tornará uma pessoa mais criativa. Terá combustível novo o tempo todo alimentando a sua mente. Ela agradecerá e lhe responderá com entusiasmo, energia, vitalidade e vontade.

Olhe por cima. Tente visualizar a sua vida vista do alto, como se fosse um pássaro curioso.

É um ponto de vista interessante para descobrir o que está se passando. Veja-se por cima indo para o seu trabalho, voltando para casa, veja seus hábitos, suas imperfeições, como se fosse outra pessoa. Como se relaciona com seus amigos, seus parentes, sua família, seu patrão, seus clientes ou seus funcionários.

Pode até se assustar, mas conseguirá enxergar defeitos e qualidades óbvias em você mesmo, que, vistas sempre do mesmo lugar, eram imperceptíveis.

O Objetivo

Este livro tem a intenção de lhe despertar. Veio ao seu encontro para lhe mostrar que possui um poder supremo, o poder de atrair tudo o que deseja para sua vida por meio de seus pensamentos. Fazer-lhe compreender que sua mente é capaz de criar e realizar tudo o que sonha, enxergar que existe algo ainda mais forte dentro de você. Esse poder foi lhe dado de presente no momento em que nasceu. Nunca lhe disseram, mas, por meio dele, poderá fazer maravilhas. Esse presente é seu. Tem consigo agora a chave da prosperidade. Ninguém poderá tirá-la de você. Pode usá-la ou não, é você quem faz a escolha.

Mas acredite! Com ela em suas mãos, muitas portas se abrirão e muitas oportunidades surgirão.

Se realmente compreendeu a Lei da Atração, compreendeu também que nunca estará só, que faz parte de um todo e é um ser essencial e insubstituível para o Universo. Tem a capacidade de atrair, acreditar, desejar e realizar. E com esse poder de realizar, você passa a ter o poder de mudar, e eis que surge a possibilidade de melhorar. Melhorar a sua vida, os seus atos e os seus pensamentos perante a humanidade e tudo que o cerca.

Portanto, se essa mudança realmente acontecer em sua vida e o positivo elevar a sua alma e lhe arremessar para um futuro repleto de felicidade, então, mais um desejo será atendido, e o objetivo desta obra estará concluído, pois uma nova semente brotará, logo uma grande árvore de prosperidade crescerá por seu intermédio e, finalmente, o positivismo em sua vida e das pessoas que o cercam prevalecerá.

Talvez agora você já possa responder a pergunta:

Por que este livro foi parar justamente em suas mãos?

10 Dicas para melhorar sua atração:

1 – Tenha gratidão. Seja grato pelo que você é, pelo que tem, por sua família, seus amigos, seu trabalho, seus bens materiais e por sua vida. Agradeça sempre.

2 – Faça deste guia um livro de consulta. Deposite nele todos os seus sonhos, desejos e sentimentos positivos. Descreva-os com detalhes, estipule metas e trace objetivos. Use todos os artifícios para idealizar seus sonhos: desenhos, recortes e fotos. Use a imaginação!

3 – Sintonize-se com o Divino. Tenha Fé. Acredite, você não está sozinho.

4- Fortaleça suas células, respire fundo. Entre em harmonia e acalme sua mente. Coordene seus pensamentos e direcione-os para o bem.

5- Silencie-se por alguns minutos todos os dias. Equilibre suas emoções e seus pensamentos, acalme sua alma. Ouça o que ela tem a lhe dizer!

6- Aceite a dualidade do Universo, o bem e o mal. Mantenha o equilíbrio dessas polaridades dentro de você. Aprenda com seus erros, perdoe-se!

7- Não nade contra a maré, não resista. Siga o fluxo do Universo. Alinhe-se e receba toda a sua energia.

8- Sonhe, ouse sonhar sem fronteiras, sem limites. Vá em frente e coloque-os em prática. Não desista perante os obstáculos. Acredite em você e deixe que o Universo faça a sua parte.

9- Vibre o Bem! Deseje o bem! Queira o bem! Pensamentos e sentimentos positivos farão a consciência coletiva se tornar cada vez melhor. Faça a sua parte, entre nessa freqüência e verá um mundo cada vez melhor.

10- Desprenda-se, solte-se, desapegue-se. Entre em sintonia com o Universo e esteja pronto para ouvir a voz que vem do seu coração.

Envie sua opinião, sugestão ou seu depoimento.

Sua participação é muito importante e

gratificante para nós.

Visite nosso site e cadastre-se.

Receba informações, notícias e novidades
por meio de nosso Blog e seja mais um integrante
de nossa comunidade no Orkut.

Boa sorte e esteja sempre com Deus!

e-mail: leidaatracao@terra.com.br
www.leidaatracao.com.br
Blog: aleidaatracao.blogspot.com
Comunidade Orkut: Lei da Atração – O Guia.
Registro da Marca – INPC – Processo nº 900.237.821
Data: 15/03/2007 – Classe: ncl(9) 16

Nota do Editor

A Madras Editora não participa, endossa ou tem qualquer autoridade ou responsabilidade no que diz respeito a transações particulares de negócio entre o autor e o público.

Quaisquer referências de internet contidas neste trabalho são as atuais, no momento de sua publicação, mas o editor não pode garantir que a localização específica será mantida.

Este livro foi composto em Minion Pro, corpo 12/15.
Papel Offset 75g
Impressão e Acabamento
Gráfica Palas Athena – Rua Serra de Paracaina, 240 – Cambuci – São Paulo/SP
CEP 01522-020 – Tel.: (0_ _11) 3209-6288 – e-mail: editora@palasathena.org